ねずさんの昔も今もすごいぞ日本人！

小名木善行

彩雲出版

序にかえて　勾玉《まがたま》のお話

係累《けいるい》の証《あかし》

勾玉《まがたま》の形は、写真で見たり、学校で習ったりしてご存知の方も多いと思います。曲玉《まがたま》とも書きます。『古事記』では「曲玉」、『日本書紀』では「勾玉」です。

縄文時代の遺跡から多数出土しており、古いものになると一万年以上も昔の遺跡から出土しているものもあります。また三千年前には、朝鮮半島へも伝播《でんぱ》しています。日本では長い歴史を持った品物ですが、もともとは縄文初期の頃の耳飾りが原型といわれています。その後、古代日本の装身具か、祭祀《さいし》に用いられたものとされています。

その勾玉について、こんな話を聞いたことがあります。

いまから二千七百年ほど前に神武天皇が初代天皇として日本を開国なさいましたが、天皇家は、それ以前に上方様《うわかたさま》と呼ばれた時代があって、これが約六千年続いたのだそうです。その上方様の時代の天皇家は末子相続制で、子供たちの中でいちばん最後に生まれた男の子が、家を継ぐことになっていたのだそうです。子だくさんの時代です。たくさんいるお兄ちゃん、お姉ちゃんたちは、民間に降りて結婚し、一般の人々と血縁関係を結びました。

こうして人口が増えてくると、お兄ちゃん、お姉ちゃんたちの一部は、新しい土地を求めて土地を去って行きました。そのときに、上方様の血族であるという証《あかし》に、勾玉をもらっていったというのです。

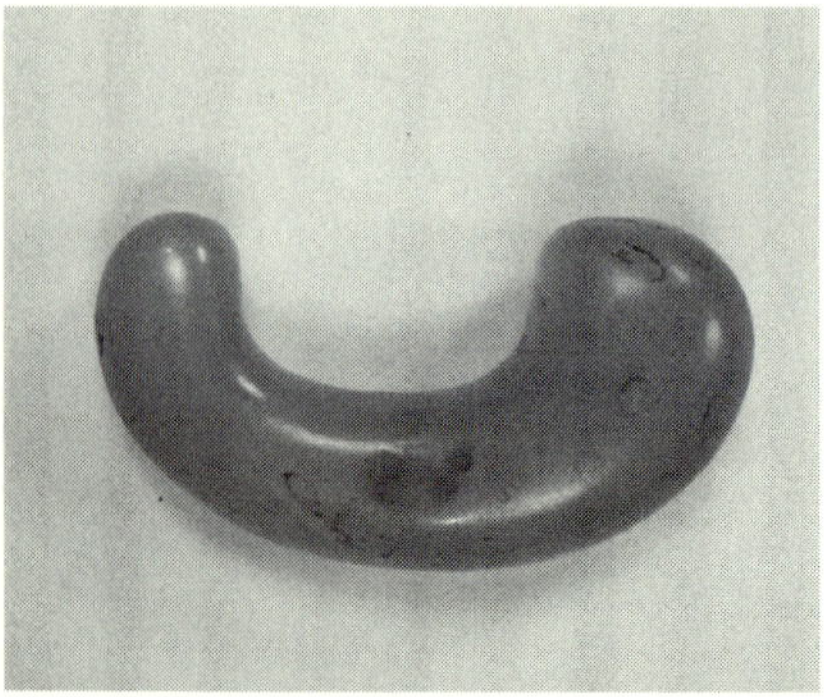

勾玉　静岡県にある馬場平３号墳より出土した、古墳時代中期のメノウ製の勾玉。（浜松市博物館所蔵）

勾玉は湾曲《わんきょく》した石ですが、その湾曲した部分には、ご皇室の魂が宿るとされました。去って行ったそれぞれの家族は、それを我が身の係累《けいるい》の「証」として大事な折には身につけることを伝統とした、というのです。

そうして何世代か経《へ》ると、それぞれ他国の土地に定着したお兄ちゃん、お姉ちゃんたちが、はじめはひとりふたりだったものが、幾世代を経て、何百人かの集落となります。こうなると、同じ先祖を持つ親戚同士（村同士）でも何百年も交流がなくなることがあり、そういう村同士の間で、ある日、なんらかのトラブルが起きる。争いが始まろうとするわけです。

村同士の争い事ですから、これは一大事です。村長さんは胸にご先祖伝来の勾玉をさげて、皆と一緒に出かけます。そして敵の手勢と向かい合う。するとなんと、相手の村長の胸にも、同じ勾玉が！　そこで、

「やあやあ、あなたも上方様のご一統ですか」

「ハイ、私は何代の○○様の時代にこの土地に来た者です」

「そうですか。私は何代の□□様の時代ですよ」

「それなら、お互い親戚ではありませんか。ならば戦いなどやめにして、一緒に酒でも酌《く》み交わしましょう」

というわけで、争い事が避けられたのみならず、村同士の交流が深まり、互いに発展することができたのです。

係累の「証」としての勾玉が、争い事を回避させ、村々の発展に寄与《きよ》したという話です。

私は、このお話を聞いたとき、なるほどなあと思いました。意外とそれが真実であったのかもしれない、そんな感じがしました。

記録もないはるか古代のお話ですし、その時代に生きていた当事者ではありませんから、実際にどうだったのかは分かりません。しかし、イザナキノミコト、イザナミノミコトが、天の浮き橋に立って、天の沼矛《あめぬぼこ》で海水をかき回して引き上げるときに、矛《ほこ》の先から滴《したた》った潮が積もり固まって日本列島になったといわれても、あまりに壮大すぎてなかなか理解できないけれど、神武天皇以前から天皇家が日本を統《す》べる皇家であったというお話は、むしろとてもリアルな感じがします。

歴史から学ぶ日本人らしさ

縄文時代初期の頃の日本の人口は、日本列島全体でおよそ二万人程度であったろうといわれています。その人たちの血は現代にまで延々と続いて、私たち日本人に受け継がれているわけです。

大雑把《おおざっぱ》な計算になりますが、一組のカップルから誕生した子孫は、約七百年で一億二千七百万人になります（一世代二十五年、一・九倍の人口増加率の場合）。ということは、縄文時代初期（約一万六千五百年前）からといわず、神武天皇の即位した約二千七百年前からだけでみても、日本人であれば、誰しもが共通のご先祖さまを何人も持っていることになります。つまり、生粋《きっすい》の日本人なら、何十世代という尺度《しゃくど》でみれば、みんな血のつながった親戚です。そして勾玉の物語は、私たち日本人はみんなどこかで血がつながっていて、争いを避け、お互いに協力しあって生きてきたことを思い出させ、日本人はどうあるべきかを私たちに教えてくれているような気がします。

あたりまえのことですが、人でも国でも団体でも、平和なときはみんないい人です。どんな悪人だって、ニコニコと談笑しているときはいい人になります。同様に、世界中どこの都市に行っても、普段は同じようにお店が並び、若者がデートし、家族連れがいて、ビジネスマンがいて、普通にいい街です。

大切なのは、そこに災害や事故のような大きなストレスが加わったときに、人々や集団がどうなるかです。いざというときには、人間の本性が出てしまいます。残念なことに海外などでは、災害時に略奪などの非人道的な行為が発生するのは珍しくないそうです。

東日本大震災は、その「いざというとき」に互いを思いやり、協力しあう日本人の素晴らしさを、あますことなく発現してくれました。

では、その日本的美質や、日本人らしさというのは、どこから来たのでしょうか？

答えは歴史の中から見出せる、私はそう考えています。

歴史を語るとき、常に歴史を批評・批判する人がいますが、私はそれは間違いだと思っています。あたりまえですが、私たちは過去の歴史の当事者ではありません。その時代に生きていたわけでも、その場にいたわけでもありません。それなのに、さもすべて見知っているかのように歴史を批評したり批判したりするなど、おこがましいことだと思うのです。

歴史は批評・批判するものではなく、「学ぶもの」だと思います。歴史から謙虚に学ぼうという気持ちを持ったとき、歴史は私たちに、未来を築き、いまを生きるための素晴らしい知恵や勇気を次々と与えてくれるからです。

そういう意味で、この本がみなさんのお役に立てれば幸いです。

ねずさんの　昔も今もすごいぞ日本人！◉目　次

装丁・小室造本意匠室

ねずさんの　昔も今もすごいぞ日本人！

1 旧石器時代　三万年前の磨製石器

日本で発見された人類最古の道具

昭和二十四年に群馬県の赤城山麓《あかぎさんろく》で、「槍先型尖頭器《やりさきがたせんとうき》」と呼ばれる磨製《ませい》石器が発見されました。薄緑色に透き通った黒曜石《こくようせき》でできていて、中心には白雲のような筋状の模様が入り神秘的な美しさを放っています。

次頁の写真がそれです。長さ約七センチ、幅約三センチの、この小さな石器は、三万年前につくられたことが調査の結果わかりました。

「磨製石器」というのは、石を打ち砕いた破片をそのまま利用した「打製石器」と違い、刃を鋭くするため磨きあげられていて、極めて鋭利で耐久性の高い石器です。つまり、人の手によって加工が施されているという意味で、人類最古の道具といっていいと思います。

こうした磨製石器は、槍先型尖頭器の発掘以降、日本では関東・中部地方を中心に多数発見されましたが、海外ではオーストリアのヴォレンドルフ遺跡から出土した、二万五千年前の磨

3万年前の槍先型尖頭器（岩宿遺跡出土）世界の考古学史を塗り替える大発見だったにもかかわらず、文化財の指定を受けていない。（相澤忠洋記念館所蔵）

製石器があるのみです。つまり、日本より五千年も新しい時代のものというわけです。

ほかにはロシアのコスチョンキ（約一万四千年前）、アフォントヴァゴラ（約二万年前）、オーストラリアのナワモイン（約二万千五百年前）、マランガンガー（約二万九千年前）などがありますが、いずれも人が石を磨いて作ったというより、はじめからその形になっている自然石を利用したものです。

日本の加工技術は、なんと三万年の歴史があるのです。なんだか、技術大国日本を象徴したようなお話ですね。

驚くべき建築方法

いまから五千五百～四千年前の縄文時代の集落跡とされている、青森県の三内丸山《さんないまるやま》遺跡では、

復元した大型掘立柱建物 六本柱の高床式建造物。用途は不明。祭殿や宗教的施設、物見櫓、灯台、見張り台、天文観測所等の説がある。（青森県教育庁文化財保護課所蔵）

有名な六本柱建物跡が発見されています。それを復元したのが、上の写真です。

この六本柱建物のような建造物をつくるためには、まず大きな木を伐採《ばっさい》しなければなりません。では昔の人たちは、どうやってこのような大木を切っていたのでしょうか？　もちろん、チェンソーや電動ノコギリはありません。鉄製の斧《おの》やマサカリ、ノコギリが普及したのは古墳《こふん》時代以降のことです。それ以前に、どうやって木を伐採していたのかというと、これが実は磨製石器を使っていたのです。

こんな小さな石器でどうやって大木を切り倒したかというと、これが実に根気のいる作業なのです。

まず、木の根もとで火を起こして切りたいところを焦《こ》がします。その焦げたところを先の尖《とが》った石器で少しずつ削ったのです。気の遠くなりそうな作業ですが、そうやって切り倒した樹木を、今度は枝を打ち払い、必要な長さに切って家屋や船の材料に仕上げました。

ですから、もしかすると冒頭の磨製石器も三万年前という途方もない昔に、大木を倒して枝を打ち払ったり、さまざまな材料を加工したりなど、建物を建てる際の道具として実際に使用されていたのかもしれません。


ちなみに磨製石器のように石を加工しない、単なる「石器」であれば、日本では島根県出雲市の砂原《すなばら》遺跡から、十二万年前のものが発掘されています。

自然人類学によると、いまから二百万年前に人類は猿人から分化し、十五万年前に現世人類が誕生したとされています。ミトコンドリア・イブの解析では、十五万年前の人類の始祖はアフリカ中央部にいたそうです。その人類が、いまから五万年前に世界に散り、三万年前に地球の気温が急速に低下したことにあわせて、バイカル湖辺りにいたモンゴロイドが南下して日本人になったといわれています。

つまり日本に人が住み始めたのはいまから三万年前で、ちょうどその三万年前の世界最古の磨製石器が日本で出土しました。と、ここまではつじつまが合うのですが、ところが日本では、十二万年前の石器が出土しているのです。

こうなると日本というのは、いったいどれだけの深みがある国なのだろうかと、ワクワクしてしまいます。

三万年の歴史をもつ技術大国日本

もうひとつ、磨製石器に関連して、とてもおもしろいお話があります。

法隆寺の五重塔は、いまから千三百年ほど前に建てられた世界最古の木造建築物です。世界で一番古いとはいえ、磨製石器が三万年前ですから、ずいぶんと新しく感じられるのが不思議です。

芸術品とさえいえる五重塔は、耐震性や防火についてもよく考え抜かれて建てられています。建物を支える重要な部分には釘《くぎ》を使わず、木組みといって木自体に切り込みを施し、はめ合わせていく技術が用いられ、その接合部が地震の揺れを吸収する仕組みになっています。また、塔の中心を貫《つらぬ》く心柱《しんばしら》は、どの層とも釘などでつながれていません。このような特殊な構造が、長年にわたって地震や台風などの天災から建物を守ってきたのです。

そして驚くことに、これらの主要な部分は、ほとんど「槍《やり》カンナ」と呼ばれる先の尖《とが》ったノミのような道具一本で加工が施されているのです。槍カンナはもちろん鉄製ですが、その形状は冒頭の磨製石器と瓜《うり》二つです。

ということは、先の尖った道具一本で木材にさまざまな加工を施すという、そうした日本古来の技術は、少なくとも三万年の歴史があるわけです。そしてそれは、日本の木材の加工技術や木や森そのものを大切にする文化が、それと同じだけの期間、しっかりと培《つちか》われてきているということをあらわします。

このような長い歴史の積み重ねがあったからこそ、あの法隆寺の五重塔は千三百年たったいまもなお、日本の大地に荘厳《そうごん》に建ち続けているのです。

五重塔のような仏舎利塔《ぶっしゃりとう》（ソトゥーバ）は、なるほど中国や朝鮮にもあります。そしてこうした建築物は、建築技術とともに大陸から半島を渡って伝わってきたという人もいます。けれど、大陸や朝鮮半島の仏塔《ぶっとう》は、すべて一層ごとに箱を積み重ねただけの構造です。

先に触れたように、法隆寺は巨大な心柱を中心にした木造軸組工法です。造り方がまるで違います。明らかに日本のオリジナルなのです。そして、こうした高度で複雑な技術というのは、突然降ってわいたように生まれるものではありません。

つまり、世界最古の磨製石器が出土し、かつ先の尖った道具一本でさまざまな木工技術を開発した日本は、はるか大昔から「技術国家」であるということなのです。

そしてもうひとつ付け加えるならば、世界には四千年以上前から文明を築いてきた国がいくつかあります。その中で砂漠化していないのは、これまた日本だけです。

日本は木の文化でありながら森を大事に育んできました。つまり自然との共生をしてきた民族でもあります。そして技術に関しては三万年の歴史を持つ国なのです。

世界史を書き換える大発見

この磨製石器の発見をめぐって感動的なお話があります。

本章の冒頭でご紹介した「槍先型尖頭器」は、群馬県新田郡笠懸村《かさかけ》（現、みどり市笠懸町）の岩宿《いわじゅく》遺跡で発掘されました。発見者は相澤忠洋《あいざわただひろ》さんという方で、東京、羽田のお生まれです。

八歳のとき鎌倉に転居し、そこで考古学に目覚めたそうです。

九歳のときに両親が離婚して、父とともに、父の実家のある群馬県桐生市に転居しました。しかし家は貧しく、その年のうちに商家へ丁稚奉公《でっちぼうこう》に出されています。

昭和十九年、相澤さんは十八歳で召集令状をもらい、海軍に入隊しています。そして駆逐艦《くちくかん》「蔦《つた》」の乗組員となりました。昭和二十年、終戦によって桐生に復員しています。

彼は子供の頃からの考古学への夢が捨てられず、考古学の研究の時間を確保するために、納豆の行商をはじめたそうです。そして毎日、納豆売りの行商をしながら、赤城山麓で土器や石器の採取活動を続けたのです。

相澤さんは、師匠である群馬師範学校の考古学者尾崎喜左雄《きさお》先生から、次のような大切な教えを受けていたそうです。

・趣味の収集をするのか、事実の追究に目標を定めるのか、まず自分でやることにけじめをつけなさい。事実の追究をするのだったら多くの文献を読み、着実に事実の集積をつみあげていくことが大切です。

・事実の集積と学問とは同一であって同一ではない。事実であってもそれを学問のなかにとり入れるというのは容易ではなく、忍耐と努力、そして着実な勉強が大切である。そして考古学という学問は、一カ所や二カ所の遺跡発掘報告書を仕上げても結論は出せない。より総合的な考察が必要である。井のなかの蛙《かわず》にならず、考古学が好古学にならぬよう、着実におやりなさい。あなたにもきっと事実の集積はできる。そのことが学問の基礎となり、勉強ということなのですよ。

（『「岩宿」の発見』相沢忠洋著）

相澤さんは、この教えを信条として、採取活動や学問の追究を推《お》し進めていきました。

そして昭和二十四年七月、世界史を書き換える重大な発見がなされました。相澤さんの自伝である『岩宿の発見』は、そのときの感動を臨場感をもって次のように伝えています。

山寺山にのぼる細い道の近くまできて、赤土の断面に目を向けたとき、私はそこに見なれないものが、なかば突きささるような状態で見えているのに気がついた。近寄って指をふれてみた。指先で少し動かしてみた。ほんの少し赤土がくずれただけでそれはすぐ取れた。それを目の前で見たとき、私は危く声をだすところだった。じつにみごとというほかない、黒曜石の槍先形をした石器ではないか。完全な形をもった石器なのであった。われとわが目を疑った。考える余裕さえなくただ茫然として見つめるばかりだった。

「ついに見つけた！　定形石器、それも槍先形をした石器を。この赤土の中に……」

私は、その石を手におどりあがった。そして、またわれにかえって、石器を手にしっかりと握って、それが突きささっていた赤土の断面を顔にくっつけるようにして観察した。

たしかに後からそこにもぐりこんだものではないことがわかった。そして上から落ちこんだものでもないことがわかった。

それは堅い赤土層のなかに、はっきりとその石器の型がついていることによってもわかった。もう間違いない。赤城山麓の赤土（関東ローム層）のなかに、土器をいまだ知らず、石器だけを使って生活した祖先の生きた跡があったのだ。ここにそれが発見され、ここに最古の土器文化よりもっともっと古い時代の人類の歩んできた跡があったのだ。

苦難のはじまり

相澤さんは東大人類学教室と千葉の国府台にできたばかりの考古学研究所に、心を込めて手紙を書きました。

七月二十七日、東京に出た相澤さんは、明治大学の大学院生であった芹沢長介《せりざわちょうすけ》さんと出会います。二人はちょうど同じくらいの年頃で、しかもどちらも北関東の縄文土器や石器を研究しています。

相澤さんが発掘した石器類が非常に高い価値を持つと直感した芹沢さんは、相澤さんの発見物を、当時明治大学の助教授だった杉原荘介《すぎはらそうすけ》氏に見てもらいました。ところが渡された石器を見た杉原助教授は、「これはちょっと人工品かどうか疑問です」と言います。ただ、「調べてみるから、置いて行きなさい」というので、発掘物を置いていきました。

しばらくたったころ、杉原助教授が文部省で岩宿遺跡での石器発見に関する記者会見を行うことになりました。その発表原稿を見た芹沢さんは驚きました。なんとそこには、発見者である相澤さんの名前が載っていないのです。

芹沢さんは杉原助教授に原稿の訂正を申し入れました。しぶしぶ訂正した原稿は、発表時には「地元のアマチュア考古学者が収集した石器から、『杉原助教授が』旧石器を発見した」という表現になっていました。

なぜこのようなことになってしまったのか、いまとなっては本当のところは分かりません。ただ昭和二十四年というのは、公職追放の真っただ中です。多くの学者が職を追われていました。こういった時代背景が関係している可能性もあると思います。

天が使命を与える人の条件

記者会見は行われました。日本列島は一万数千年前まで火山活動が活発で、日本には人が住んでいなかったというのが、当時の定説でしたから、「三万年前の石器が発見された」というニュースは、日本の考古学会を震撼《しんかん》させるビッグニュースとなりました。けれど、この発表のどこにも相澤忠洋さんの名前は登場しませんでした。発見者にもなっていません。芹沢さんは激怒しました。

「相澤忠洋は単なる情報提供者などではない。石器の発見者であり、日本の旧石器文化研究のパイオニアだ」

芹沢さんは、その後もずっと、そう言い続けてくれたのです。

ところが、このことが逆に物議をかもしてしまいます。相澤さんは、考古学の大家と呼ばれる人々から詐欺師《さぎし》呼ばわりされてしまったのです。

このためひどい迫害を受け、住まいまでたびたび移すほど追い込まれてしまいました。迫害する側の人々はその地位を利用して、アマチュアである相澤さんの発掘のじゃまをし、相澤さんの人格を攻撃し、中傷し続けました。

こうした迫害が痛いのは、迫害を受ける側が、結果として経済的にも追いつめられてしまうことです。相澤さんは、ついに誰も住まなくなった古い廃屋《はいおく》に住むようになりました。そこを訪れた芹沢さんが、様子を見て腰を抜かしています。

まず、家の中に畳が一枚もありません。むきだしの床板はベコベコに凹凸《おうとつ》ができ、ところどころに穴まで開いています。柱も桟《さん》も斜めに歪《ゆが》んでいます。

どこで寝ているのかと聞いたら、押し入れだそうです。そこに藁《わら》を敷いて寝起きしていると

いうのです。布団はどうしたと聞いたら、「持っていたのだけれど、中の綿をすべて引っぱり出して遺物の標本箱にしいてしまったから、ない」というのです。

あまりのことに、芹沢さんは涙が止まらなかったそうです。

不思議なことに日本で、何か偉業をなす人というのは、必ずこうした難に遭《あ》っています。

孟子《もうし》に、「天の将《まさ》に大任を是《こ》の人に降《くだ》さんとするや、必ず先づ其《そ》の心志《しんし》を苦しめ、其の筋骨を労し、その体膚《たいふ》を餓《う》えしめ、其の身を空乏《くうぼう》し、行ひ其の為すところに払乱《ふつらん》せしむ。心を動かし、性を忍び、その能《よ》くせざる所を曾益《ぞうえき》せしむる所以《ゆえん》なり」という言葉があります。

意訳《いやく》すると次のようになります。

「神々が、その人に何らかの使命を与えようとするときは、必ず先にその人を苦しめる。どのように苦しめるかというと、まず、志が挫折するような事態を起こし、その人の心を苦しめる。そして、過剰な肉体労働を強いて体力を使い果たさせ、餓えに苦しませ、その身を極貧暮らしにまで追い落とし、その人の行おうとすることに、ことごとく反する事態を招き起こす」と

いうのです。

ではなぜ、神々がそのようなことをするかというと、それは、その人の心を鍛《きた》えて忍耐強くし、出来ないことを出来るようにさせるためだというのです。そして神々は、その人の苦悶《くもん》が顔にまで出て、思わず悲痛な叫び声をあげざるをえないところまで、徹底してその人を追い込むのだそうです。

「それを乗り越えたとき、はじめて天は、その人に、使命を与える」

これが孟子の言葉です。

相澤さんは、まさに孟子の言葉どおりに、追いつめられていたわけです。けれど相澤さんは、叩《たた》かれても追いつめられても、まるで動じませんでした。そこまで迫害を受け続けながら考古学への情熱を失わず、迫害している人々に対してさえ、「ボクは人間が好きだから」と嘘《うそ》や中傷への反論もせず、ただ黙々と発掘を続けたのです。

こうして学歴のない市井《しせい》のアマチュア考古学者である相澤忠洋さんは、ごく一部のほんの限られた、彼の功績をよく知る人々に支えられながら、地道な研究、発掘活動を続けていったのです。

天皇陛下のお耳に達する

そんな相澤さんが、ようやく世間で認められるようになるのは、昭和四十二年になってからのことです。この年、相澤さんは吉川英治賞を受賞しました。それは彼が最初に石器を発見してから、なんと二十一年後のことです。

そして、本当にすごいと思うのは、昭和天皇が相澤さんを大変高くご評価され、平成元年に相澤さんに勲五等《くんごとう》を授与されているということです。

相澤さんの地道な活動が陛下のお耳にまで達したということは、八百万《やおよろず》の神々のお耳に、相澤さんが天命を果たしたことが伝わったということなのではないかと思えます。

そして不思議なことに、勲五等を授与されるその日（五月二十二日）の早朝、相澤さんは六十三歳という若さで脳内出血によって他界されました。きっと神々のもとに召されたのだと思います。

告別式の日、相澤さんをずっと支え続けて来た芹沢長介先生は、ハンカチで流れる涙をぬぐいながら、次のように語られました。

「相澤君の一生は苦難の連続だった。アマチュアだからといってバカにされた。地元では、行商人のやっていることなど学問ではないとも言われ続けた。

無理に無理を重ねた結果、このように寿命を縮めることとなってしまったのではないだろうか」

けれど相澤さんの志を継ぐ人々は、相澤さんの遺徳《いとく》を讃《たた》え、群馬県勢多郡新里村に「相澤忠洋記念館」を建立《こんりゅう》しました。そして相澤さんの遺品や発掘品を展示し、相澤さんの奥さんは、その記念館の館長に就任して老後の安心な生活を得ています。

相澤さんの座右《ざゆう》の銘《めい》です。

「朝の来ない夜はない」

※本章では、相澤忠洋氏の発見した「槍先型尖頭器」を、あえて「磨製石器」と書かせていただきました。現在の考古学では、「槍先型尖頭器」を「打製石器」に分類しています。しかし、この石器が磨製か打製かという明確な判別がつくものではありません。日本の旧石器時代には、ヨーロッパなどの旧石器時代にはないとされている磨製石器があるのが特徴で、日本の旧石器文化が世界最古の磨製石器文化であるのは考古学上確かなことです。そして岩宿遺跡からは三万年前のものとされる磨製石器が、実際に発見されているわけです。筆者はかねてより相澤氏が発見した「槍先型尖頭器」も磨製石器であるという立場をとっており、また本章の趣旨が、日本人の技術史の深さの一面を取り上げるものであることから、所述のように筆を執らせていただきました。ご理解を賜われれば幸いに存じます。（著者）

2 縄文時代

漆と縄文文化

日本で生まれた漆《うるし》の技術

平成二十三（二〇一一）年十月十三日に、次のようなニュースが流れました。新聞などでご覧になった方も多いかと思います。

「福井県若狭町の鳥浜貝塚から昭和五十九（一九八四）年に出土していた漆《うるし》の木の枝が、約一万二千六百年前の縄文時代草創期のものであることが、東北大の鈴木三男教授（植物学）ら研究グループの調査で分かった」（『読売新聞』）

この長さ約二十センチくらいの木の枝は、二〇〇五年に森林総合研究所（茨城県つくば市）の調査で「漆」であることが分かりました。そして二〇一一年八月には、千葉県佐倉市の国立歴史民俗博物館（通称「歴博」）で放射性炭素による分析が行われ、なんとそれが一万二千六百年前のものであることが判明したのです。

実はこれは、ものすごく大変なことなのです。なぜならこの木片の存在は、日本に漆の木が

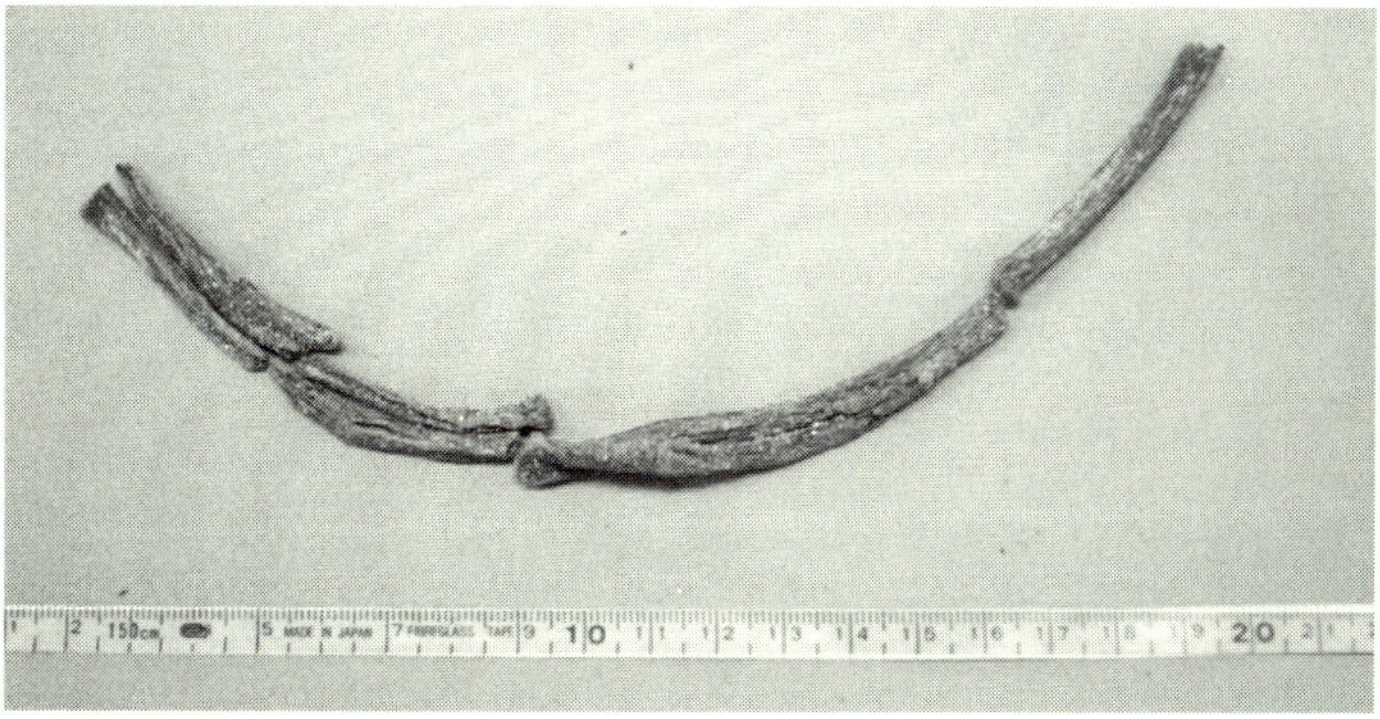

鳥浜貝塚から出土した漆の枝　調査の結果、約１万2600年前の日本固有種の漆であることが判明。これにより中国伝来が定説だった漆文化は、日本独自のものである可能性が出てきた。（能城修一氏撮影、福井県立若狭歴史民族資料館所蔵）

自生していたことを証明するという単純な話ではないからです。

漆の木というのは木を植えただけでは育ちません。下草を刈ったりして、毎年手入れをしながら育て、樹液の採取ができるようになるには十年近くもかかります。

つまり、民家、村落の存在を証明する貝塚から漆の木が出土したということは、いまから一万二千六百年前に、すでに人々がそこに定住し、集落を営んでいて、漆の木を「漆の採取という目的をもって」栽培していたことになるのです。

考古学者の中には、そのころの日本人（縄文人）は、まだ定住性がないから、漆は「栽培」したのではなく「自生」していたにすぎないと反対する人もいます。このような反対派の学者は、あくまで漆は中国から渡来《とらい》したものと主張しています。

けれど検査の結果わかったことは、この漆の木片は日本固有種であって、渡来したものではないということでした。

長い間、漆は中国からの渡来品だと言われてきました。

中国の浙江省《せっこうしょう》にある河姆渡《かぼと》遺跡では、いまから約七千年前の漆椀が発見され、同省の跨湖《ここ》橋《きょう》遺跡の漆塗りの木弓《きゆみ》は約八千年前のものと、中国の考古学会は発表しています。

ところがこれが残念なことに、河姆渡《かぼと》遺跡はいまから七千年から六千五百年前の遺跡ですから、漆椀の七千年前は納得できるとしても、漆塗りの木弓だけが八千年前のものだというのは、どうも真偽が疑わしい。なにせ白髪三千丈《はくはつさんぜんじょう》の国です。今後の客観的な年代測定の確認作業が待たれるところです。

一方、日本では、北海道函館市の垣ノ島B遺跡で、いまから九千年前の漆塗りの副葬品が発見されています。つまり、少なくとも考古学的な検証結果から導き出される答えは、漆の技術は日本で生まれ、中国に伝播《でんぱ》した可能性のほうが高いと考えるのが自然ではないでしょうか。

なにせ日本で発見されている漆塗り製品のほうがはるかに古く、漆の栽培の痕跡《こんせき》にいたっては、中国の河姆渡《かぼと》遺跡や跨湖《ここ》橋《きょう》遺跡より四千〜五千年も昔のものが、日本で見つかっているのです。科学的かつ客観的事実を、思い込みや偏見で歪《ゆが》めてはならないと思います。

平和で文化的だった縄文時代

縄文時代といえば、いまから約一万七千年前（紀元前百五十世紀）頃から三千年前（紀元前十世紀）頃までの時代をいいます。

この縄文時代の遺跡は、全国で数千カ所も発見されています。数千といえば、すごい数です。しかし、「世界中でどこの古代遺跡からも必ず出土しているのに、日本の縄文時代の遺跡からはまったく出土していないもの」が、ひとつあります。それは何でしょうか？

答えは「対人用の武器」です。

人が人を殺すための「武器」が、日本の縄文時代の遺跡からは、まったく出土していません。もちろん、矢尻《やじり》や石斧《いしおの》、石包丁《いしぼうちょう》のようなものは数多く発見されています。日本で発掘される矢尻はとても小さく、ウサギやタヌキを狩るための道具としては使えても、とても対人間用に使えるようなものではないのです。石斧も同じです。柄《え》が細く長くて、斧の先端の石が小さい。こんなもので人をひっぱたいたら柄のほうが折れてしまって、戦闘ではまったく役に立ちません。

少し話がそれますが、縄文土器は細工が細かく、表面に秀麗《しゅうれい》な装飾が施してあることは、みなさんご存知のとおりです。このような丁寧《ていねい》な細工というのは、戦乱の世の中ではなかなか用いられません。せっかく作っても、ひとたび戦いがはじまれば、あっという間に割られて壊されてしまうからです。

つまり、土器の特徴から見ても、縄文時代に戦いがあったとは考えにくいのです。

ともあれ、日本の縄文時代の遺跡からは、対人用の武器がまったく発見されていません。このことは、きわめて注目に値する事柄であろうと思います。

もうひとつ申し上げると、いまから一万六千五百年前の土器が、青森県の大平山元Ｉ遺跡《おおだいやまもといちいせき》で見つかっています。これは、まぎれもなく「世界最古」の土器です。

一万年前といえば、ヨーロッパではまだ旧石器時代です。それよりも六千五百年も前に、日本では非常に高度に発達した文化が熟成されていたわけです。

そして日本は、その時代にすでに土器を作り、集落を営み、武器を持たずに人が人を助け合う文化を熟成させていたのです。これはすごいことです。

漆の木片が出土した鳥浜貝塚からは、布製の衣類も出土しています。

なんと、その装飾（模様）や仕立ては、当時の着物を来て原宿の街を歩いても、なんら違和感のないほど、精巧で、美しく仕上げられているのです。（41頁参照）

それなのに、誤った教科書などの影響で多くの日本人が、縄文時代の人々は鹿の毛皮をまとった半裸の姿で、石斧を持ってウッホウッホとやっていたかのように印象づけられています。

さらに漆についていえば、北海道の函館市の垣ノ島A遺跡で出土した注口《ちゅうこう》土器《どき》は、いまから三千二百年ほど前のものですが、なんと黒漆を下塗りし、上から赤漆を塗って味わいをだした

注口土器（上）黒漆の上に赤漆を塗った美しい仕上がり。縄文時代後期末のもので高さは12cmほど。

足形付土板（下）文様を付けた土板に亡くなった子供の足形を押しつけたもの。穴に紐を通し、住居の中で吊るしていたと考えられている。

（上下ともに、函館市教育委員会提供）

非常に美しいものです。

　そしてこの遺跡からは、亡くなった子供の足形を粘土《ねんど》版に型どった「足形付土板《どばん》」というものが多数出土しています。

　いまでは医療が発達し、子供が死亡するケースはごくまれです。けれどほんの百年くらい前まで、日本に限らず世界中どこでも、子供というのは、よく亡くなるものだったのです。

　厚生労働省の人口動態調査資料によると、百年前の新生児死亡率は七・八％で、いまの約四十倍。乳児のほうは一五・六％で、いまの四十二倍なのだそうです。ちなみに新生児というのは生まれて四カ月以内、乳児は一年以内の子供のことです。

　つまり百年前は、生まれてきた子供の四人に一人が、一年以内に死亡していたわけです。

　下のグラフを見てもらうと分かるのですが、子供の死亡率が下がってくるのは、昭和に入ってからです。昔は、子供が大人になるということは、とても大変なことだったのです。

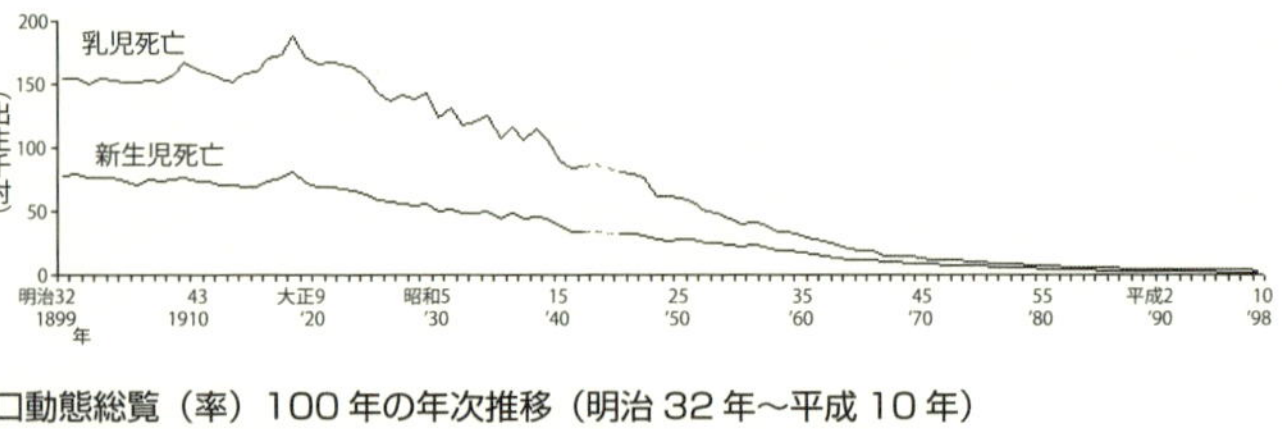

人口動態総覧（率）100年の年次推移（明治32年〜平成10年）
乳児死亡率、新生児死亡率（出生千対）の推移（厚生労働省HPより）

私の死んだ父は男四人兄弟の長男でした。けれど、大人になるまで育つことができたのは、父と末っ子の叔父《おじ》だけです。次男と三男は、やはり病気で子供の頃に亡くなっています。私が子供の頃に祖母（父の母）から、亡くなった二人の自慢話をよく聞かされたものです。明治の頃といわず、昭和の時代でさえ、つい最近まではそうだったのです。ましていまから一万年以上も昔の縄文期ではなおさらです。

これだけは言えますが、時代が違っても産んだ子供を失った悲しみや、亡くした我が子への思いは同じです。だからこそ親たちは、亡くなった子供の足形を粘土板にとって、大切な思い出としたのです。それが私たちの祖先です。

世界最古の和の文化

人は、おおむね二十五年で一世代が交代するといわれます。これは今も昔もほとんど変わりません。祖父母の代から、父母、自分、そして子が大人になるまで、これが四代百年です。千三百年前に『古事記』が書かれてから、約五十世代が交替したわけです。さらに縄文時代となると、一万五千年前ですから、なんと六百世代です。

だいたい十六代四百年たつと、外観や気質など国民の特徴が固定するのだそうです。その四十倍もの期間、私たちの祖先は、武器を持つよりも働くこと、和を尊ぶ文化をずっと守り通してきたわけです。

日本文化は、世界の良心の「最後の砦《とりで》」だと言った人がいました。私もそう思います。日本が特定の国々に翻弄《ほんろう》され続けているのは、戦後の日本人が日本人としての価値観や国家観、誇りを失っているからだと思います。

いま私たち日本人は、世界最古の和の文化を築いてきた誇りある民族であることを自覚し、日本民族としてのアイデンティティーを取り戻す時期にきているのではないでしょうか。

日本を否定しようとする力を超えて

ひとつ付け加えます。垣ノ島B遺跡から出土した漆器《しっき》のかけらをアメリカの分析会社に送り、放射性炭素14を利用した年代測定を試みた結果、なんといまから九千年前の、世界最古の漆器であることがわかりました。

ところが非常に残念なことに、二〇〇二年十二月二十八日深夜の不審火で、遺跡から出土した八万点にも及ぶ出土文化財や、写真や図面がまる焼けになりました。幸い、関係者の必死の努力で、漆塗りの製品の形の認識や繊維状の痕跡《こんせき》がはっきりと視認できる部分は焼失を免れています。けれど中国よりも古い漆器が出土したことが確認された途端、その遺跡発掘事務所が不審火に遭《あ》う――。偶然にしてはよくできた話です。

そしてまた、中国の漆器のほうが古く、日本はそれを輸入したという説ばかりが垂《た》れ流されています。稲作と同じです。現実に遺跡の年代測定をしてみると、明らかに日本の稲作のほうが古いのだそうです。ところがいまだにそういうことはあまり一般に知らされていません。

もっといえば、世界最古といっていい日本の縄文時代の遺跡群は、学会において決して「縄文文明」と呼ばれることがありません。一方、中国の長江流域の河姆渡《かぼと》遺跡などは、「長江文明」と、なぜか「文明」として発表されています。

このあたり、なにか非常に意図的なものを感じてしまいます。

けれど、日本をいくら否定しても、ひとたび東日本大震災のような大事が起これば、実に整然とした日本人の美質が自然と発揮されてしまう。これはもう、縄文時代から培《つちか》われた、日本人のDNAのなせる業《わざ》としか言いようがありません。

私たち日本人が、しっかりと歴史を取り戻すこと。それが日本を取り戻すということなのではないかと思います。

3 弥生時代

縄文人と渡来人の相克

稲作の渡来《とらい》と教科書の矛盾

私などは小学校で、次のように教わりました。

「縄文時代の日本では、狩猟採取《しゅりょうさいしゅ》の原始的生活をしていた。そこへ中国で発明された稲作が朝鮮半島を経由して日本に渡来《とらい》した。そのため土器が簡素なものになり、女性の服装も無地で簡素なものに変化し、弥生時代が始まった」

けれど、このたった三行にも満たない短い言葉のなかに、大きな矛盾があります。

稲作が始まって人々の生活が安定し、暮らしが豊かになったのなら、女性の服装や装飾品、家事に使う食器（土器）などは、前の時代よりももっと豪華《ごうか》で豊かになるのが普通ではないでしょうか。

にもかかわらず、「稲作が渡来した」↓「生活が豊かになった」↓「服装や土器（食器）がシンプルになった」というのです。常識では考えられません。

そもそも稲は熱帯性植物です。熱帯には雨季と乾季があります。だから田んぼに水を引いて雨季を人工的に演出し、収穫前には田の水を抜いて収穫しているのです。つまり田の灌漑《かんがい》は、熱帯の雨季と乾季を人工的に演出したものなのです。

これを行うのは、ものすごく大変なことです。なぜなら、広大な農地の水位を人工的に変化させなければならないからです。どうやったらいいのでしょうか。それをやるためには、治水のための大規模な土木作業が必要です。灌漑の問題を解決しない限り、田で稲は作れないのです。

日本での水耕栽培《すいこうさいばい》は、縄文時代にすでに始まっていました。岡山県の朝寝鼻《あさねばな》貝塚からは、縄文時代前期（約六千年前）のプラントオパール（イネ科植物の葉に含まれるケイ酸が化石化したもの）が大量に検出されており、それよりも古い時代から稲作が行われた可能性が高いといわれています。

普通に考えたら分かることですが、水耕栽培を行うには大規模な土木工事が必要で、そのためには人々の協力が不可欠になります。前に書いたとおり、日本の縄文時代の遺跡からは、対人用の武器が発掘されていません。みんなが協力しあって稲作文化を築き、全員が腹いっぱい食べられる共同体を営み、しかも武器を持たない。そういう社会を形成していたからこそ、灌漑農業という、熱帯の気象条件を人工的に演出する技術の開発ができたといえるのではないでしょうか。

縄文時代の終焉《しゅうえん》の真相

ところがある日、そういう武器を持たない平和な文化を営む民のところに、戦いを好み、物を奪う人々がやって来たら、どうなるでしょうか。

実は、日本が縄文から弥生に変化した時期に、中国では、北の遊牧民と南の漢民族が、まさに血で血を洗う戦《いくさ》を繰り返していました。春秋《しゅんじゅう》戦国時代です。大げさではなく、殺し合いばかりをやっていた時代です。

そうした中で、ならず者の一部が日本に流れてきたことは想像に難《かた》くありません。ところが、日本人は誰も武器を持っていない。武器がないのですから、当然、軍隊も警察もありません。ならず者たちは略奪のし放題です。平和だった土地は一変し、無法地帯と化したことでしょう。

人々はならず者たちから逃れようとします。武器を持たなかった日本人も、立ち上がり武装せざるをえなくなります。

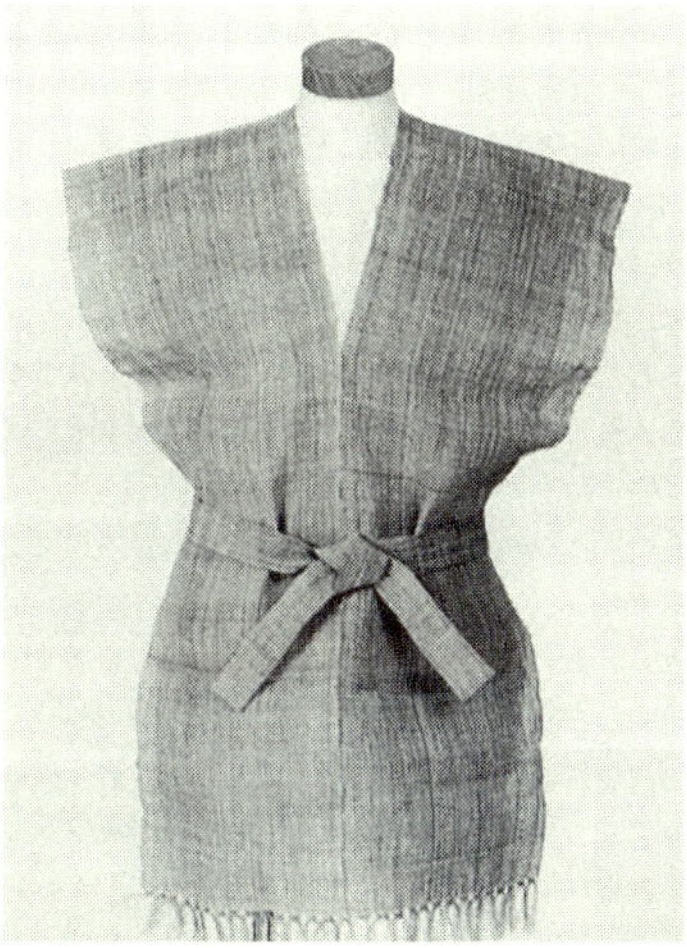

縄文時代の服（左）カラムシなどの植物繊維を細い縄や紐にし、スダレや俵と同じ方法で編んでいる。日本各地の縄文遺跡から出土した編布や、土器、土偶の模様などを参考に再現されたもの。（東海学園女子短大名誉教授、尾関清子氏提供）
弥生時代の服（右）貫頭衣と呼ばれている、弥生時代の一般庶民の衣服。『魏志倭人伝』の記述から再現されたもの。（国営 海の中道海浜公園事務所提供）

これまでのように、のんびりと時間をかけ、いろいろな装飾を施した形のきれいな土器を作ることはできなくなります。いつ襲われるか分かりませんし、襲われればせっかく作った土器も壊されるとあっては、もはや土器は必要最低限の機能だけもった簡素な形にせざるをえなくなります。炉《ろ》の温度も高くして、少しでも早く土器を作ろうとします。

女性の服装も、耳飾り、首輪、腕輪、手首の装飾品、腰まわりの装飾品など、いっぱい体にぶら下げていましたが、襲われて奪われる危険があるとなれば、もはや身につけることもなくなります。大事な装飾品は隠しておいたほうが身のためです。

ちなみに教科書などによると、縄文人は鹿の毛皮を着ていたことになっています。

ところが縄文時代のなんと八千年も前の遺跡から、編布《アンギン》という、植物の茎《くき》からとった繊維で編《あ》んだ布が出土してしまったのです。布があるということは、縄文時代には、布を編み、布製品をつくる技術があったということです。とすれば、その布は当然、衣服に用いられていたはずです。

実際、縄文時代の衣服を当時の製法どおりに復元してみると、夏は涼しく冬は暖かく、非常に肌触りもいいそうです。

日本は高温多湿ですから、冬の寒い時期に毛皮を着るのは分かりますが、夏の暑いときに毛皮のパンツなんかはいていたら蒸《む》れて仕方ありません。おそらく縄文人たちは、布の衣服を着ていたのでしょう。

しかも遺跡から発掘された布は装飾性も豊かで、ちゃんと織《お》り柄《がら》まで施《ほどこ》され、たいへん手が込んでいます。縄文人はとってもおしゃれだったのです。

もっとも日本の考古学会では、あいからわず縄文人は毛皮を着ていたことにこだわっていると聞きます。しかし、毛皮を着ていたという証拠はまるでないわけですし、であるならば普通に、通風性のいい布の衣服を着ていたと考えたほうが、はるかに合理的です。

そして縄文人たちのたいへんに手の込んだ衣服は、やはり弥生時代には、きわめてシンプルになっているのです。

やはり縄文時代から弥生時代にかけて、それまで考えられなかったような大きな出来事によって、弥生時代には服装が簡素となり、土器も装飾性がなくなった――。こう考えた方が、明らかに合理的です。

まさにそれこそが、縄文から弥生への変化といえるのではないでしょうか。

4 古墳時代　日本語の「征服」の意味

日本の心の原点

第十六代、仁徳《にんとく》天皇といえば、「民《たみ》のかまど」の逸話《いつわ》が有名です。

仁徳天皇四年、天皇が難波高津宮《なにわこうづぐう》の高台から遠くをご覧になり、

「家々から煙が立ち昇らないのは、かまどで煮炊《にた》きもできないほど、民が貧しいからではないか。都でさえこんな状態なのだから、地方はもっとひどいであろう」

とおっしゃり、むこう三年の租税《そぜい》を免じたという物語です。

そして、租税を免じてから三年がたち、天皇が三国峠の高台に登られると、民のかまどから煙が盛んに立っていました。

これをご覧になった天皇が、かたわらの皇后に話されました。

「私はすでに富んだ。嬉ばしいことだ」

「私たちが住んでいる皇宮の垣は崩れ、屋根が破れて雨漏りをしているのに、どうして富んだ

と言われるのですか？」

と皇后は問われました。

「よく聞きなさい。政事《まつりごと》は民を主体としなければならない。その民が富んでいるのだから私も富んでいるのだ。いまだかつて、民が富んで君主が貧しいということはない」

天皇は微笑《ほほえ》みながら、このように答えられたといいます。

やがて天皇に感謝した民が諸国からお願いしました。

「三年も税を免除されたために、皇宮はすっかり荒れ果ててしまいました。それに比べ、私たち民は豊かになり、いまでは、道に物を置き忘れても拾っていく者すらないほどです。もう租税を納めさせて頂きたいのです。そして、皇宮を修理させて頂きたいのです。そうしなければ、私たちはかえって天罰をうけてしまいます」

しかし仁徳天皇はこれをお許しにならず、引き続きさらに三年間、租税を免除し、皇宮の修理もされませんでした。

そして六年の歳月が過ぎて、やっと天皇は税を課し、宮殿の修理をお許しになったのです。

そのときの民の喜びようが、『日本書紀』に生き生きと記《しる》されています。

民、うながされずして材を運び簀《こ》を負い、日夜をいとわず力を尽くして争い作る。いまだ幾《いく》ばくを経《へ》ずして宮殿ことごとく成りぬ。故《ゆえ》に今に聖帝《ひじりのみかど》と称《しょう》し奉《たてまつ》る。みかど崩御《ほうぎょ》の後は、和泉《いず》国《みのくに》の百舌鳥《もず》野《の》陵《みささぎ》に葬《ほうむ》り奉る。

民は深く感謝し、誰からも命令されていないのに、自ら進んで材料を運び荷物を背負い、荒れた皇宮を修理したといいます。それも、「昼も夜も休みなく、力を尽くし、競い合うようにして」です。

ここに報恩《ほうおん》感謝を知り、君民一体となった、我が国本来の姿があります。

おかげであっという間に、皇宮はきれいに修繕されました。

そして、仁徳天皇がお亡くなりになると民はその遺徳《いとく》を讃《たた》え、和泉国《いずみのくに》の百舌鳥《もず》野《の》に御陵《ごりょう》を築いたのです。それが仁徳天皇陵です。

ここまでが「民のかまど」の逸話として、よく語られることです。あまりにも有名なお話なので、仁徳天皇といえば、「民のかまど」を思い浮かべる方がほとんどだと思います。しかし、仁徳天皇は、ほかにも大規模な土木事業を次々に推進されていたのです。

一、難波《なにわ》の堀江の開削
一、茨田堤《まんだのつつみ》の築造
一、山背《やましろ》の栗隈県《くるくまのあがた》の灌漑《かんがい》用水の設置
一、和珥池《わにのいけ》・横野堤《よこののつつみ》の築造
一、感玖大溝《こくむのおおみぞ》の灌漑用水の掘削《くっさく》と広大な新田の開発、等々

なかでも茨田堤は、日本初の大規模土木工事です。これについて『日本書紀』には次の記述があります。

どうしても決壊してしまう場所が二箇所あったので、工事の成功を期して、それぞれの箇所に一人ずつの河伯《かはく》（川の神）への人柱《ひとばしら》を立てることになった。犠牲に選ばれたのは、武蔵の住人の強頸《こわくび》と、河内の住人の茨田連衫子《まむたのむらじのころものこ》であった。強頸《こわくび》は泣きながら入水していった。衫子《ころものこ》はヒョウタンを使った頓知《とんち》で死を免れた。結果として二箇

所とも工事は成功し、それぞれ強頸《こわくび》の断間《たえま》・衫子《ころものこ》の断間《たえま》と呼ばれた。

ちゃんと人柱《ひとばしら》があったことや、人柱に立った人の名前まで明確に後世に残しているのです。あたりまえのことですが、こうした大規模な土木工事は、何代にもわたる技術の蓄積があってはじめて成し得るものです。こうした技術は、一朝一夕に出来上がるものでは絶対にありません。

かかる大規模土木工事は誰のために行うのかといえば、まさに地域に住む民衆のためです。そして民衆が働き、民衆が互いに協力し、民衆のリーダーがこれを推進するという中で、はじめてなし得るものです。そして、その何世代にもわたる技術の蓄積が、これだけの工事を可能にしました。

同時に技術が一部の人のものであり、支配者が強権をもって民衆を奴隷《どれい》のように土木工事にかりだしたのであれば、仁徳天皇の世代でこれだけたくさんの大規模土木工事を行うことは不可能だったといえます。

土木工事が完了すれば、多くの人々の命と暮らし、そして田畑と作物が、水害から守られます。民の暮らしが豊かで安全なものになるのです。そして民が豊かで安全になれば、生活に余裕が生まれ、略奪がなくなり、世の中が平和になり、女性たちも美しく着飾るようになります。いつの時代も同じです。

二千年たっても変わらない民族性

ブータンで農業振興をし、「最高に優れた人」という意味の「ダショー」という名誉称号を、外国人として初めて贈られた西岡京治《にしおかけいじ》氏は、とことんブータンの村民たちと話し合い、みんなが納得してから、農法の改良を行っていきました。

特にブータンでも最貧のシェムガン県では、農民たちが従来の焼畑《やきはた》農法にこだわり、日本式農法に強い抵抗を示しました。そのとき西岡氏は、村民たちと根気強く話し合い、日本式農法のほうが効率がいいことを、繰り返し説明したそうです。その回数は八百回にも及んだといいます。

その結果、みんなが力を合わせて農法の改良に取り組むようになり、収穫高は劇的に増加していきました。西岡氏の貢献のおかげで、ブータンの人々の暮らしは豊かになったのです。

「ブータン農業の父」として敬愛された西岡氏は、平成四年にこの世を去りました。国葬が行われましたが、弔問《ちょうもん》はブータン全土から届き、その葬儀の壮大さは過去に例がないほどだったそうです。そしてブータンの人々は、いまなお西岡京治氏の遺徳を讃えています。

同様に、世界各国に派遣されている日本の国際貢献団も、話し合いと率先した労働と現地の人々の協力の中で、橋を架《か》け、井戸を掘り、農地を開墾《かいこん》し、新しい農法の指導をしています。

これは戦前の日本の軍隊も同じです。日本軍が駐留《ちゅうりゅう》するまえは荒れ地ばかりで貧しかった国々が、戦後は発展し、豊かな暮らしを手に入れています。


大切なことはダショー西岡にしても、国際貢献団にしても、旧日本軍にしても、現地の人に強制したり、無理矢理言うことを聞かせたりしたわけではないという点です。

彼らはそこで繰り返し話し合って、農業の振興を図っているのです。

民族の習性や行動パターンは、千年や二千年たってもそうそう変わるものではありません。戦い、征服し、征圧し、現地で略奪する習性は、日本人にはありません。日本人は古代の昔から、みんなが力を合わせて協力することで、武器や武力では決してなし得ない、豊かで平和な暮らしを実現してきたのです。

古墳《こふん》がどのようにして造られたのかは諸説あって、本当のところは分かっていません。

けれど私は「地元の土木工事の結果である」という説を支持しています。堤防整備や、新田開発、灌漑用水の掘削《くっさく》などの大規模土木工事には、大量の残土が発生します。残土はどこかへ捨てるか、何かに有効活用しなければなりません。

そこで、土木工事を遂行してくれたリーダーの遺徳を讃え、みんなで感謝しながら残土を使って古墳を築いたという説です。逆にいえば古墳のある地域は、それぞれ古代において、その古墳で使用されている土砂をはるかにしのぐ量の残土が発生するほど、大規模な土木工事が行われたところであるというわけです。

これを裏付ける文献史料等は見つかっていません。けれど古墳が平野部に集中していることを考えあわせると、なるほどそうかもしれないと思えてくるのです。

戦いがなかった古代日本

日本人は古代から、争いや戦いを避け、みんなで話し合い、お互いに協力し合う文化を築いてきました。

ところが一方では、「神武東征《じんむとうせい》」という『古事記』や『日本書紀』に残る説話があります。『宋書《そうしょ》』倭国伝《わこくでん》には、倭王武《わおうぶ》が宋の皇帝に出した「上表文《じょうひょうぶん》」が転載されていて、そこに古代大和朝廷が「東に毛人《もうじん》五十五国を征し、西に衆夷《しゅうい》六十六国を服し、さらに日本列島を北に海を渡って九十五カ国を平定した」と書かれています。

「北に海を渡って」というのは、朝鮮半島で九十五カ国を平定したという意味です。ちなみに宋書というのは、公文書ですから嘘《うそ》は書けません。書いたら首を刎《は》ねられます。

中国で生まれた漢字文化の流入によって、「征」という、とても勇ましい文字が使われています。これだけ見たら、アレキサンダー大王の遠征のように、大軍を率いて周辺諸国を征伐《せいばつ》する、つまり軍事力をもって周辺諸国の軍を蹴散《けち》らしたみたいです。

東方で五十五カ国、西方で六十六カ国、海を渡って九十五カ国、合計二百十六国を征伐し征服し平定したのですから、これはすごい武勲《ぶくん》です。さぞかし大きな戦《いくさ》に次ぐ戦があり、多くの血が流れ、当然、勝った側にも敗れた側にも、多くの死傷者が出たはずです。「征」という漢字が持つ本来の意味はそういう意味です。

戦いが行われれば、そこで必ず血が流れ人が死にます。古来日本人はそうして血が流れた場所には、お清めや慰霊《いれい》のために必ず神社を建てています。

ところが神武東征の話には、戦の記述はあっても、神社を建てたという話は、矢に当たって戦死した五瀬命《いつせのみこと》を祀《まつ》る竈山《かまやま》神社をのぞいて、ほかにはありません。たった一つです。

倭王武《わおうぶ》の上表文にある記録に至っては、そのための戦いがあった場所も分かりませんし、慰霊施設も伝えられていません。

二百十六国を「征」したのですから、敵味方を含め数えきれない人の命が失われたはずです。当然、何かの伝承が残っていてしかるべきですし、無念のうちに死んでいった敵の魂を慰めるため、神社がたくさん建てられていていいはずです。最低でも味方の勇者が亡くなれば、その逸話《いつわ》が残され、神社が建立《こんりゅう》されて、あたりまえなのです。逆に、それがなければおかしいのに、ないのです。

記録に出てくる死亡者は、船で移動中に嵐に襲われ、海神をおさめるために入水自殺した弟《おと》橘姫《たちばなひめ》や、前出の彦五瀬命《ひこいつせのみこと》など、ごく少数です。

仁徳天皇の茨田堤の話では、人柱となった方の名前までちゃんと残しているのです。それなのに、ならば、戦いで勇敢に散った将軍や英霊の名がもっと残っていていいはずです。それなのに、ほとんどない。ということは、つまり戦いそのものが局地的なもので、あっても死者がたくさん出るような凄惨《せいさん》な戦いは、日本の古代史には、ほとんどなかったと考えるのが自然ではないでしょうか。

日本の「征服」は話し合いによる統治

では、古代日本における「征服」とは、何だったのでしょうか。

その答えは、冒頭の仁徳天皇の話にあります。

古代大和朝廷は、農業指導や大規模な土木工事によって、水害を防ぎ、灌漑をし、新田を開発したのです。すべては民のためです。

仁徳天皇の在位は四世紀です。そして五世紀から七世紀にかけて朝鮮半島で日本様式の古墳や、日本産の遺物が多数発見されています。当時の南朝鮮には任那《みまな》日本府が置かれ、大和朝廷の支配下、つまり日本の文化圏となっていたのです。

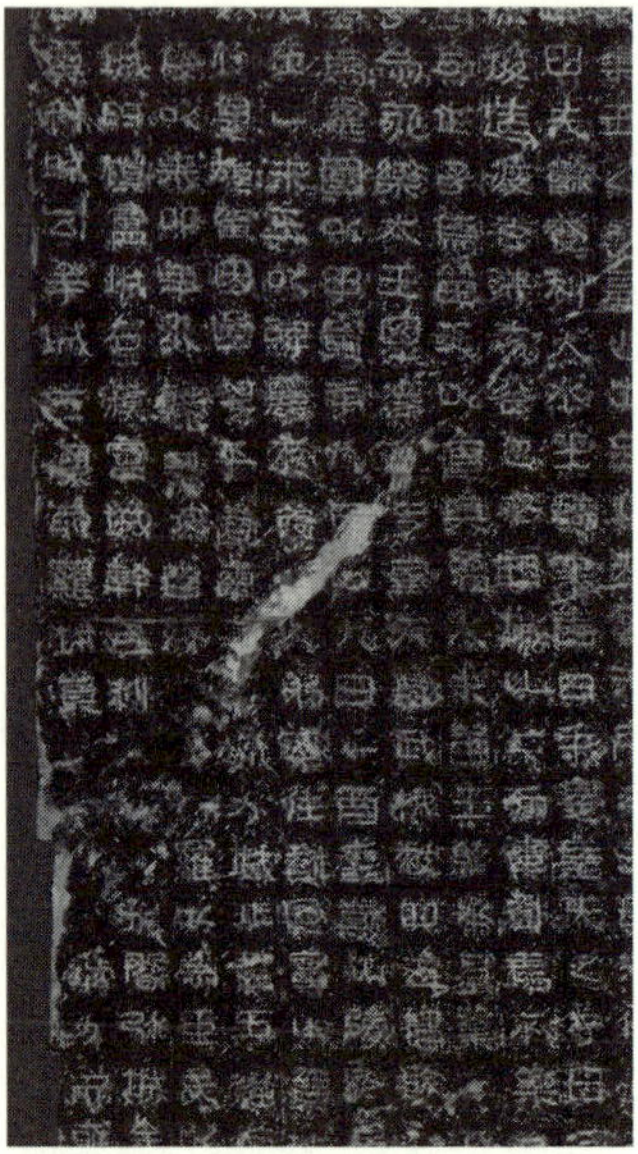

好太王碑拓本（第Ⅰ面）「倭以耒卯年來渡海破百殘□□新羅以為臣民」の文字が読み取れる。（お茶の水女子大学所蔵）

中国吉林省《きつりんしょう》に現存する、古代朝鮮の一級史料「好太王碑《こうたいおうひ》」には、「倭《わ》（日本）が海を渡って百済《くだら》・新羅《しらぎ》などを臣民とした」と読み取れる文字が刻まれています。

また、朝鮮最古の歴史書『三国史記』には、新羅と百済の両国は日本に国王の子（王子）を人質《ひとじち》に出していたとの記述もあります。

『随書《ずいしょ》』倭国伝《わこくでん》には、「新羅や百済は皆、倭を大国で珍物《ちんぶつ》が多いとして、これを敬仰《けいぎょう》して常に通使が往来している」と書かれています。

戦いや略奪ではなく、みんなが話し合い、みんなの力でより良い暮らし、より良い生活を手に入れようとする。それが古来、日本の姿とするなら、ほとんど血を流すことなく、諸国が大和朝廷に服し、仲間になっていったというのは、ごく自然なことです。

戦前の満州や台湾、朝鮮半島等も同じです。誤解している人が多いのですが、軍が先に出て行って、血を流して占領したのではありません。はじめに民間ベース、政治ベースで農地開発や効率のいい日本型農法の普及、治水のための公共工事等を行い、これらに従事する日本人を警護するために、あとから軍が進出していったのです。

もうひとつ付け加えるならば、不思議なことに、東アジアでかつて日本が侵略したとされる地域だけが、緑豊かな土地となっています。日本人が軍まで一緒になって植林をした結果です。その植樹の数は朝鮮半島だけで十億本を超えています。

昨今ではインターネットで世界中の衛星写真を見ることができますから、ご自身の目で確認してみてください。

民度の低い国と付き合う難しさ

みんなが幸せに豊かに暮らせるようにという日本方式を他国に伝え、周囲の国を日本の文化圏にしていくことは、なるほど、中国風の言葉にすれば、「征服」や「平定」です。しかし殺したり脅したりして領土にすることと、人々のための公共の福祉と話し合いによる統治とでは、雲泥《うんでい》の差があります。日本における「征」の意味は「正しきを行う」です。

けれどそういう考え方や行動は、民度が低い人々には、残念ながら理解されません。国王が民を支配するものという、未成熟で、単純な上下関係しか知らない人たちには、「役割分担と秩序のための上下関係」と、「支配と隷属《れいぞく》による上下関係」の違いが区別できないからです。

ですから民が日本の影響下に入ると、自分たち支配層の権力が奪われるのではないかと恐怖します。そしてその恐怖を日本に投影するから、それが侵略に見えてしまうのです。

前出の好太王碑には、日本文化圏となった南朝鮮を奪還《だっかん》するために、高句麗《こうくり》が五万の兵力を差し向けたと書いています。大変な兵力です。民が豊かになることが大事か、王の一族だけが繁栄することが大事か——この違いは大きいです。

福沢諭吉は『学問のすゝめ』の中で、次のように書いています。

およそ世の中に無知文盲の民ほど憐《あわ》れむべくまた悪《にくむ》べきものはあらず。知恵なきの極《きわみ》は恥を知らざるに至り、己《おの》が無智をもって貧窮に陥り飢寒に迫るときは、己が身を罪せずしてみだりに傍《かたわら》の富める人を怨《うら》み、はなはだしきは徒党を結び強訴《ごうそ》・一揆《いっき》などとて乱暴に及ぶことあり。(中略)

かかる愚民を支配するにはとても道理をもって諭《さと》すべき方便なければ、ただ威をもって畏《おど》すのみ。西洋の諺《ことわざ》に「愚民の上に苛《から》き政府あり」とはこのことなり。こは政府の苛きにあらず、愚民のみずから招く災《わざわい》なり。愚民の上に苛き政府あれば、良民の上には良き政府あるの理なり。ゆえに今わが日本国においてもこの人民ありてこの政治あるなり。

政府が率先《そっせん》して収奪や過激な刑罰を行う野蛮《やばん》な国と、そのようなものとは縁遠く、そういう不埒《ふらち》なことをしようなどとは誰も思いもつかないという理知的で平和な国と、果たしてどちらが「良い国」か、考えるまでもありません。

戦後の日本人は、神話を否定し、民族の記憶を喪失させ、戦勝国の歪《ゆが》んだ価値観のもとで、まるで反日であることが是《ぜ》であるかのような教育を受けているといわれています。

神話と民族の記憶を失って、いまの日本人はどのような国をつくろうというのでしょうか。地震が起きたらこれ幸いにと民衆が略奪を働く国なのでしょうか。ごく一部の者たちだけが贅《ぜい》沢《たく》三昧《ざんまい》な暮らしをし、ほかの国民が極貧と収奪にあえぐ国家なのでしょうか。

そういう国を、私たち日本人は目指していないと思います。国際化というけれど、そのために我が国のもつ本来の美風が損なわれるのは、誰も望んでいないと思います。

古代における温和な日本文化圏の拡大が、異なる次元の「征服」と同一視されてしまうように、民度の低い国や人たちには、善意が悪意と誤解され、正義が悪事と曲解《きょっかい》されてしまうのです。これは決して望ましいことではありません。国の内外に大きな軋轢《あつれき》を生じさせ、我が国が不当に貶《おとし》められる原因となります。

実際に、当時の世界標準からすれば、まさに神に等しい軍紀《ぐんき》を維持していたかつての日本の軍隊さえ、歪んだ価値観のもとでは正反対に扱われてしまうのです。

日本には、建国当初の昔から、築かれてきた貴く有り難い伝統があります。和の文化、話し合い協力し合う文化です。

すると、日本だって戦争したではないか、と言う人がいます。日本における「征服」は、大陸的な「征服」とはまるで異質なものです。そしてそのことを理解すれば、日本が武器を手にするときというのが、どのようなときなのかも理解することができようかと思います。

その昔、儒教や仏教が伝来しましたが、そのうちに日本独自の形に変化し、国風文化となりました。戦後、さまざまな外国産の文物を取り入れてきた日本ですが、あらためて日本人としての芯《しん》を取り戻し、日本の伝統に立ち返った価値観を築くべき時にきているように思います。

5 飛鳥時代　天下の皇民

政治権力を持たない最高権威の誕生

日本の歴史のターニングポイントは、大きく見れば二つあります。それは、七世紀と十九世紀です。と、いきなりお堅い書き出しになりましたが、大変おもしろいお話なので、しばしおつき合いを。実は、これがいまの政情を考える上でも大きな意味を持つからです。

七世紀に何があったかというと、中国という外圧によって、大化の改新が行われ、日本が天皇のもとに統一されたという出来事です。

十九世紀に何があったかというと、欧米列強という外圧によって、明治維新が起き、日本が再び天皇のもとに統一されたという出来事です。

そして十九世紀の明治政府は新しい国の体制作りのため、七世紀の大和朝廷の仕組みを、形を変えて復元したのです。ということは、日本という国の原点は、ある意味、七世紀にあるといえます。この考え方は、自由社の『新しい歴史教科書』によるものです。では、七世紀に行われたこと、つまり、天皇のもとに日本が統一されたという出来事の本質は何かというと、これが実はすごいことだったのです。

何がすごかったかというと、天皇が政治権力を持たない権威として存在したという点です。つまり天皇は自ら政治には参与せず、実際に政治を行う権力者（いまなら内閣総理大臣や閣僚、武家政治の時代なら将軍など）に対し、その権力のよりどころとなる「認証」を与える「権威」を有していたのです。

政治的権力者より、高い権威を持つ存在なんて、普通に考えたら「天の神」以外にありません。たとえば、中国の皇帝は政治的権力者であり、人民に対する絶対の支配者です。そしてその支配権は、天の神から与えられます。天の神が、「おまえはもう統治者として不適格だ」とお怒りになると、そこで革命が起こって、別な家系にその支配権を移します。これが姓を易《か》える易姓《えきせい》革命です。

こうした統治形態は、中国に限らず、世界中で行われていたことです。

ほかにはフランスのルイ王朝など、まさに絶対王政といわれる統治形態がありました。これなども、ルイ家の政治権力は、神によって認証され権威づけられるという形をとっています。

似たようなことは、いまでも行われていて、アメリカ大統領も、もちろん民意によって選挙で選ばれますが、その選ばれた「人」が、大統領という「権力者」になる前には、神による「認証」が行われます。「認証」があって、はじめて統治者として認められるのです。

ところが日本では七世紀以降、天皇が権力者であった時代はありません。天皇は、政治を行う者に「認証」を与える「権威」として存在し続けました。つまり日本では、大陸や西欧でいう「神」の位置に天皇がおわす、という形をずっととってきたのです。天皇が持っておられる「権威」の原点は神話にあります。天照大神《あまてらすおおみかみ》から続く皇統《こうとう》――代々受け継がれてきた血脈がそれです。つまり神話の時代から神の血をひく直系の子孫が天皇であるわけです。そして天皇が、神の威光のもとに政務を司《つかさど》る者に権威を授ける、そういう仕組みが日本に定着したのが、七世紀であった、ということです。

天皇の民と権力者の関係

そして、さらに大切なことがあります。七世紀のターニングポイントのときに、実はもうひとつ、ものすごく大きな出来事、しかも世界にも類をみない、とてつもなくすごいことが我が国で起こっています。

それが何かというと、一般の民衆が「公民（＝皇民）」とされたということです。

みなさんは「公地公民制」という言葉を聞いたことがあると思います。その「公民」です。「公民」とは何かというと、「天皇の民」ということです。

将軍とか、大政大臣とか、関白とか、内閣総理大臣とか、さまざまな権力の形はありましたが、彼らは皆、施政者《しせいしゃ》として「天皇の民」を預かる立場でした。

つまり、日本の権力者——大名や将軍や関白はもちろん、地方の統治者や、身近なところでは、部長さんや課長さんや社長さんにいたるまで、人の上に立つ者は、絶対的権力者や支配者ではなく、「天皇の民」すなわち「公民」たちを預かり、彼らの生活を守る立場、と規定されたわけです。

そして権力者自身も、同じ「天皇の民」つまり、「公民」の一人です。そしてこれこそが、我が国の精神文化の源流となっています。一般の庶民にも「一寸の虫にも五分の魂」という気《き》概《がい》があるし、施政者にも常に民のためという心得があります。

大陸や西欧では、こうはいきません。君主はまさに絶対権力者です。言うことを聞かない者に対しては、まさに生殺与奪《せいさつよだつ》の権力を持っています。王が命令して、言うことを聞かなければ、一族郎党皆殺しなんてことも、普通に行われるわけです。

最近では「王様ゲーム」なんてのがあるのだそうです。ジャンケンで勝って王様になった人は、負けた人に対して、なんでも好きな命令ができる。命令された側は、絶対にそれを聞かなくちゃいけない。けれど、ゲームであっても、日本人なら「そんなのヤダヨ」と平気で断ったりしてしまう、というか何か違和感があります。

日本において政治権力者は、「天皇の民＝公民」を預かる立場で、権力者自身もみんなと同じ公民の一人です。ですから、みんなの意見を聞いて、みんなの意思をとりまとめて、みんなの協力を得て、事を前に進めようとします。

ですから、「えらい人」というのは、絶対的権力者を意味しません。「えらい人」は「偉い」のではなく、「エライ人」つまり、みんなのために汗をかく、しんどい責任を与えられた人という意味を持っているのです。

ですから、主君が「俺は偉いんだ」などと思い込んで、横暴な働きをすれば、家臣たちが集まって相談し、「主君押込《おしこ》め」といって、主君を廃立《はいりつ》してしまいます。これは鎌倉時代の武家社会になってから見られる慣習で、実際に押し込められる主君も少なくありませんでした。江戸時代には、あの有名な名君、上杉鷹山《うえすぎようざん》も、座敷に押し込められています。

なぜ「主君押込め」なんてことが起こるかといえば、権力者と「天皇の民」との関係を考えるとよく分かってくるのです。

日本の「エライ人」と、大陸的な「偉い人」を混同すると、日本の歴史は見えてこなくなります。日本は、あくまで庶民は全員、天皇の民であって、施政者から商店主にいたるまで、人の上に立つ者はすべて、天皇の民を預かる責任を負っているのです。

このことは、言い換えると、日本はすでに七世紀の昔に究極の民主主義を実現していた、ということです。人が人を支配するのではなく、みんなのために働くことが施政者の役割、と規定され、それが日本人の精神として定着しているからです。

七世紀の昔に、こんな制度を築き上げた民族は、世界中どこを探してもありません。このことは、ある意味、人類史の奇跡といえるかもしれません。

6 奈良時代　万葉の時代といまの日本の民度

身分の上下を超えた関係

今から千二百年ほど昔のことです。東国で徴集《ちょうしゅう》されて九州方面の守備に向かった兵士の一人が、一首の歌を詠《よ》みました。

今日《けふ》よりは
かへりみなくて
大君《おほきみ》の
醜《しこ》の御楯《みたて》と出《い》で立つ
我《わ》れは
（『万葉集』四三七三）

「今日この日からは、一身一家をかえりみず、大君の強力な御楯《みたて》となって出発するのだ」という歌意で、軍人としての立派な覚悟を表しています。「醜《しこ》の御楯」の「醜《みにくい》」という字には、「卑しい身分の私」という謙遜《けんそん》と、「天皇を守る強力な楯となる」という固い覚悟との、両方の意味が込められています。

日本以外の国に目を向ければ多くの場合、兵役《へいえき》は苦役《くえき》であり、強制的に徴発《ちょうはつ》されているのです。

かつてのソ連では、村にいきなりトラックに乗った軍人たちがやって来て、村人たちを全員戸外に出して並ばせ、若い男を強制的にトラックに乗せて連れ去ったそうです。連れ去られた若者たちは、その軍では一番の下《した》っ端《ぱ》です。けれど、銃を支給されたその若者たちがトラックに乗って別の村へ行き、そこで同じようにして兵を徴発すると、下から二番目に昇格するのです。こうして上下関係による支配と隷属《れいぞく》の関係の数十万の軍団が、瞬《また》く間に出来上がります。それがかつてのソ連兵でした。

同じことは中国でもありました。かつての国民党軍や八路《パーロ》軍のような軍閥《ぐんばつ》も、ソ連と全く同様の手口で軍勢を瞬く間に増加させました。このような軍隊には督戦隊《とくせんたい》といって、戦闘中に味方を後方より監視し、味方の兵が命令をきかなかったり勝手に退却しようとすれば、それに攻撃を加え、強制的に戦闘を続行させる任務を持った部隊が存在します。

暴力による支配と隷属、それによって構築されたキツイ上下関係の集団、それがかつての世界の「兵」というものだったのです。

そしてその軍団の頂点に立つのが、中国では皇帝であったし、ソ連ならクレムリンの書記長であったわけです。要するに国というものが、上は皇帝から下は末端の庶民赤子《あかご》にいたるまで、ことごとく上下関係によって構築されているのです。

上に立つ者は、常に下の者に対して生殺与奪の権を持っています。命さえも奪えるのです。ということは、下の者の財産や私物はすべて、上に立つ者の私物であるということです。

これが中国や、その影響下にあった朝鮮、あるいはかつてのソ連などに共通する国のカタチです。


これに対し我が国では、末端の「いやしい身分の私」が、「大君の御楯となって出発する」と歌にまで詠んでいるわけです。そこにあるのは、身分の上下を超えた自発的意思です。そしてその自発的意思を歌に詠むだけの教養が、「いやしい身分の私」にも、ちゃんと備わっていたという事実も、この歌は証明しています。

地方の一庶民がそれだけの教養を持ち、なおかつ自発的意思によって兵として出立《しゅったつ》する。

このような人々が大勢いた事実を、支配者と隷属者という価値観で説明しようとしても無理があります。日本人は「天皇の民《たみ》」であるという皇民主義が、ほとんど空気のような自然さで日本全体をおおっていたのです。

先日、ある方が「『日本書紀』に『おおみたから』という語があり、その語に『百姓』という漢字が当てられていたことに衝撃を感じました」と話してくださいました。

奈良、平安の時代から、あるいはもっとはるか昔から、日本では庶民は、大君《おおきみ》の「おおみたから」だったのです。けれどその大君（天皇）は、統治はしません。統治をしないということは、支配をしないということです。そして統治をしないかわりに、政治的権力者を任命します。任命された権力者が統治するのは、自分を選任してくれた大君の、おおみたからです。

つまり日本では、天皇という存在によって、庶民が支配者の私物や隷属者にならずにすんでいるわけです。ここに日本のカタチの本質があります。

冒頭の歌を詠んだのは、今奉部與曾布《いままつりべのよそふ》という下野国《しもつけのくに》（いまの栃木県）の人で、火長《かちょう》（十人の兵士を統率する長）であったとされています。天平勝宝七《てんぴょうしょうほう》（七五五）年二月に、防人《さきもり》として筑紫《つくし》に派遣されました。実に立派な覚悟を歌に表していますが、こういう兵士や、その家族たちの歌は『万葉集』のなかにたくさん残っています。

知られていない『海ゆかば』の意味

次の歌《うた》は『万葉集』巻十八に収録されている長歌《ちょうか》の一節ですが、『海ゆかば』の歌詞として有名です。

作者は大伴家持《おおとものやかもち》です。大伴氏は武家の名門で、家持はのちに中納言《ちゅうなごん》にまで出世しています。

海行かば　水《み》づくかばね
山行かば　草むすかばね
大君の
辺《へ》にこそ死なめ
かへりみはせじ

「海を行けば、水に漬《つ》かった屍《かばね》となり、山を行けば、草の生《む》す屍《かばね》となって、大君のお足元に死のう。後ろを振り返ることはするまい」

まことに雄々《おお》しい精神を伝え、また忠勇の心がみなぎっている歌といえます。けれど和歌というのは、作者がもっとも言いたいことは握りしめて言わない。言わないことで、その「言いたいこと」を、かえって強く相手に印象づける、というのが基本テクニックです。

では、この歌に大伴家持が込めた本当の思い、伝えたいメッセージとは、いったい何だったのでしょうか。

その前に、この歌を当時使われていた万葉仮名《まんようがな》に直してみます。

海行者　美都久屍
山行者　草弁須屍
大皇乃
敝尓許曽死米
可敝里見波勢自

大伴家持　三十六歌仙の一人で『万葉集』の編纂者として有名。（金刀比羅宮所蔵）

まず気付くことは、海と山が並べられていることです。「海行者」「山行者」の部分です。海はもちろん青い。山は木が茂っていますから緑色です。その緑色のことを、昔の日本語では「あお」と言いました。いまでも信号の緑色を、「あお信号」と言いますし、緑色の幼虫を「あお虫」と呼びます。

つまり、海と山は、それぞれ「青」と「あお」の色彩であり、並べて「青々」ですから、青年、青春となります。海を渡り、山を行く者は、若い人ということになります。

こう書くと、いささかこじつけのように感じる方もいらっしゃるかもしれません。しかし、和歌や俳句の世界では、これくらいの技巧は普通に用いられていて、読み手がこれを推理し、想像することで、イマジネーションが膨《ふく》らんでいきます。そうした想像性（イメージの拡張性）が豊かであればあるほど、良い歌（句《く》）とされたわけです。

これは、いまのようにフルハイビジョン映像などがなかった時代に、たとえば風景を伝えようとするときの工夫でもあります。

この点、欧州の文学は日本と逆で、風景でも人物でも描写がとことん細かくなります。

「どこそこを通って海辺に出たら、そこには白い砂浜があり、真っ青に澄んだ海が白波を返しながら打ち寄せては引き返し、手前左側に二十メートルばかり行ったところに突き出している岩には、波が大きな音を立てて打ち寄せるたびに、高さ三メートルほどのしぶきが上がる。きっとそこは海が深くなっているに違いなくて、さらにその手前には、木造の廃船が捨ててあり、その大きさは、長さが何メートルで……等々」

これは西洋画の油絵の手法と同じで、とにかく隅から隅まで塗って塗って重ねて塗って、リアリティを出そうとします。

ところが日本では逆に、引き算で、省いて省いて省きぬいて、観る側、聞く側の想像力に働きかけることで、リアリティを求めようとします。

そういう意味で、『海行かば』の海山も、そこから色彩を想像させることで、この歌が、青雲の志を表していることを明確に伝えようとしているわけです。

まぎれもなく、青雲の志が「屍となる」、つまり死ぬことと言っているわけです。青年には未来があります。その未来ある「青年」が、海や山で「美都久屍《みづくかばね》、草弁須屍《くさむすかばね》」となろうと言っているのです。もちろんこれは、死を覚悟せんとする心構えです。

なんのためかといえば、「大皇乃《おおきみの》」ためです。近現代仮名遣いでは、「大君の」と書きます。大君であれ大皇であれ、これが天皇を指すことは明らかです。

ところが、これに続く語をみると、ハッとします。「黴尓許曽死米《へにこそしなめ》」です。「黴」というのは、ボロボロになっているさまをあらわす字です。そして「許」は、「もと」ですから、大君のもとでボロボロになって死のうと言っているわけです。

民のために死ぬことが施政者《しせいしゃ》の志

ここから、もっと大事な話になります。

『万葉集』が編纂《へんさん》されたのは天平宝字《てんぴょうほうじ》三（七五九）年です。収録された歌は七世紀後半から八世紀前半につくられたものです。この時代は、すでに古代律令制度が成立し、これが完全に安定稼働《かどう》していた時期です。

繰り返しになりますが、古代律令国家というのは、民を、豪族や政治権力者の私有民としてではなく、天皇の民「おおみたから」とすることが、我が国の制度として完全に定着した時代です。こういう時代背景をふまえた上で『海行かば』をもう一度読んでみると、さらにおもしろいことが分かります。

歌では、「大君の許《もと》でボロボロになって死にます」と言っているのですが、その大君は政治権力を持っていません。実際に政治を行う権力者に対し、その権力を「認証」するのみです。ですから、大君自らが、征伐《せいばつ》に出る、戦《いくさ》に出るということはありません。

にもかかわらず、「大君の許《もと》」で、ボロボロになって死にますというわけです。

先に書いたように大伴氏は武門の家系です。大君から権力を与えられる立場です。戦《いくさ》になれば指揮官として、大君の許《もと》からはるか遠くの前線に赴《おもむ》きます。

では、誰の許《もと》で死ぬというのでしょうか？　「おおみたからの許《もと》」と読めるのではないでしょうか。「おおみたから」は大和言葉で、「百姓」「蒼生」「衆庶」「人民」「民」などの文字が当てられています。

つまり、大伴家持は、おおみたから（＝民）を守るために、部門を統括する施政者《しせいしゃ》（権力者）である自分は、ボロボロになって戦い、海山に屍を晒《さら》してもよい、それが自分の青雲の志だ、と言っているのです。

現代仮名遣いでは、「大皇乃敝《おおきみのへ》」は、「大君の辺《へ》」と表記されました。これまた意味が深いです。「辺」という字は、「しんにょう」と「刀」からできていますが、「しんにょう」は道を意味します。つまり「辺」は、刀の道、剣の道でもあります。

したがって「大君の辺にこそ死なめ」は、「大君」を中心とした、庶民を国の宝とする我が国の治世を守るため、「辺（剣）」の道をもってボロボロになるまで戦い、死んでもなおこれを守り抜きたい、という意味になるわけです。

もっというなら、最後の「かえりみはせじ」があります。

これは我が身を顧みないというだけではなく、かつて豪族たちが勝手に民衆を私有民（奴《ぬ》婢《ひ》・奴隷《どれい》）として支配していた時代に返らない。民衆こそ国の宝であり、だからこそ天皇の民であるとされた古代律令体制の考え方を守りぬき、二度と、民衆が奴婢・奴隷として支配されない、そういう世の中を維持するために、自分は天皇から権力を与えられたものとして、我が身がボロボロになってでも戦い、民衆を守りぬく、と言っているわけです。

それが大伴氏の道であり、天皇の存在によって私有民（奴婢・奴隷）とならずに生きていけるありがたさを忘れず、そのために命をかけようという大伴家の当主としての家持の青雲の誓い、それが『海行かば』に詠み込まれています。

そうした深い意味を持つからこそ、この歌が千年の時を超えて我が国のあらゆる階層の人々に愛され、いまに伝わっているのです。こういう日本文学の底の深さ、そしてまた日本というかけがえのない国を先人たちが築き、残してくれたありがたさを私たちはもっと知り、そしてもっと学んで行かなければならないのではないでしょうか。

ちなみに、このようなお話は、江戸の昔であれば、寺子屋のお師匠《ししょう》さんが子供たちに日常的に語っていたことです。

明治に入ってからは教科書を通じて、教師がこうした話を生徒たちにしてくれました。だからこそ学校には感動がありましたし、生徒たちはワクワクして授業を受けたし、教師を師匠としてとても尊敬し、そしてまた大人になっても、人の道を大切に生きようと、ひとりひとりの大人たちが努力したわけです。

戦後の教育は、こうした教育の本義を否定し、単なる知識偏重《へんちょう》主義に陥《おちい》ってしまいました。

そして、日本人らしい、優しさと愛に満ちた教育はなくなっていきました。

なぜ、こんなことになったのでしょうか。

それは、教育の根幹において、国を否定し、歴史を否定し、天皇を否定しようとしているからです。そこに無理がある。あたりまえです。日本は、天皇の存在によって国がなりたつという歴史を紡《つむ》いできた国だからです。ですから、これを否定すれば、何もかもがおかしなものになる。矛盾だらけになる。

矛盾があって説明がつかなくなるから、表面上の人名や事件名、年号や年代、通解だけの小手先で、これをごまかそうとする。そうするしかなくなる。だから授業がつまらないのです。つまらなくて、授業の維持ができないから、ゆとり教育とかいって、教育の時間そのものを削《けず》ったりもする。本末転倒な話です。

民の幸せを願う

せっかくなので、もうひとつ、舒明《じょめい》天皇の御製《ぎょせい》の長歌をご紹介します。これは長歌としては短めですが、その美しさが、とても視覚的に表現された歌です。

大和には　群山《むらやま》あれど
とりよろふ　天《あめ》の香具山《かぐやま》

登り立ち
国見をすれば
国原《くにはら》は　けぶり立ち立つ
海原《うなはら》は　かまめ立ち立つ
美《うま》し国ぞ　あきつ島大和の国は

舒明天皇は、第三十四代の天皇ですが、ここにある「けぶり立ち立つ」は「かまどの煙」のことで、第十六代の仁徳《にんとく》天皇の物語に歌をかけています。

大和盆地をおおう、連山
なかでも、そびえたつ天の香具山《かぐやま》
その香具山に登って、国の様子を見れば、
民家のある平野部では、民の家々から、
おいしそうな、そしてしあわせそうな
かまどの煙が盛んにたっている。

大きな池には、かもめが飛んでいる。
美しく素晴らしい国だぞ、大和の国は。
国譲り神話の時代という途方もない昔から続く
歴史ある国だぞ、大和国は。

「あきつ島」というのは古代における日本の呼称で、『古事記』では「大倭豊秋津島《おおやまととよあきつしま》」、『日本書紀』には「大日本豊秋津洲《おおやまととよあきつしま》」と表記されています。「秋津」は「蜻蛉《あきつ》」とも書き、蜻蛉とは昆虫のトンボのことです。

山々が連なっている様子を、まるでトンボが連なって飛んでいるかのようだ、と神武《じんむ》天皇が述べられたのが、秋津島の語源となったという説があります。

ですから「美《うま》し国ぞ、あきつ島大和の国は」というのは、「日本は、美しい国であり、トンボが連なって飛んでいるようにも見える山々の連なりがあり、そこには豊富な緑があり、そして都には人々のかまどに煙がたち、かもめも飛んでいる」というような光景を述べられているわけです。

そしてこの歌では、天皇が国見をし、「美《うま》し国ぞ　あきつ島大和の国は」と述べられている点に注意が必要です。

つまり、豊かな自然の恵みを大切にし、そしてなにより人々が幸せに、そして豊かに暮らせる（かまどに煙が立つ）国が天皇の願いであり、また民の願いであり、国家全体の願いであるということを、明確に述べられているのです。

言い換えれば、民の幸せと豊かな自然、この二つが、国にとってもっとも大切なことであり美しいことだ、ということを天皇の御製《ぎょせい》として、長歌に託して詠《うた》われているわけです。

『万葉集』という名の由来

昔の人は『万葉集』というタイトルに、こうした色彩豊かで、自然を愛し、民の幸せこそが国の幸せとする世を、万世《ばんせい》まで語り伝えようという思いを込めました。

学者のなかには、『万葉集』を「万の言の葉」、つまり「多くの言葉」という意味に解している人が多いと聞きます。冗談じゃあないです。「多くの言葉を集めてつくりました」なんて薄っぺらなタイトルをつけるわけがありません。

『古事記』の序文には「後葉《のちのよ》に流《つた》へむと欲す」という一文があります。ここで「葉」は「世」と同義に使われています。

短い言葉の中に託したさまざまな自然や、人々の姿や思い、そのようなものを通じて見えてくる日本という国の目指す本当の幸せのカタチ、それこそを後世に、万世に、末永《すえなが》く伝えたい。だから『万葉集』と名付けのです。

『万葉集』の完成は、延暦《えんりゃく》二（七八三）年、八世紀のことです。いまは二十一世紀です。千二百年以上も経過しています。

けれどいまの日本は、千年後にも伝えたいと思えるほどの、素晴らしい文化を果たして持っているでしょうか。

もし持っていないというなら、いまの私たちは千二百年前の人々よりも、残念ながら人として、また国として、民族として、劣ってしまっているのかもしれません。

7 平安時代　菅原道真公の決断

学問の神様が命に代えて守ったもの

世界中のほとんどの国でそうだったのですが、近世になっても、国の施政者《しせいしゃ》と民衆の関係は支配者と被支配者、言い方を変えれば「王様と奴隷《どれい》」という、支配と隷属《れいぞく》による上下関係でしかありませんでした。

しかし、なんと日本では、七世紀という古代に「国の施政者というのは、大切な天皇の民をお預りする責任ある身分」という制度を構築し、これを定着させてしまったのです。

もちろん、身分の違いはあります。貴族と平民という上下関係は存在するのです。けれど、それは会社における部長や課長が、部下となっているメンバーを会社から預かっているだけ、つまり「役割の違い」であって、支配者とその隷属者という関係ではありません。役割分担と秩序のための上下関係なのです。

だからこそ、日本人は一般庶民に至るまで、相手が武家であろうが貴族であろうが、「こちとらだって五分の魂ってもんがあるんだ」という気概《きがい》を明確に持っていました。

現在、安倍晋三さんは日本国の内閣総理大臣であり、もちろん偉い人です。けれど安倍総理は、ルイ王朝や中国の皇帝に見られるような絶対的支配者で、我々はその奴隷であるなんて考え方をする人は、おそらく日本には皆無です。

同じことは江戸の昔でも同様です。将軍様は偉い人です。けれど、「相手が将軍様であろうとなかろうと、大工の腕前はおいらが天下一だい！」というのが、庶民の心意気です。

そして、たとえ相手が将軍様だろうが、お代官様だろうが、民のことを考えないような施政者なら、「オラたちだって考えがある」、そういって実行されたのが一揆《いっき》です。

「自分たちは天下のお百姓である。木っ端《こっぱ》役人ごときなにするものぞ」という気概が、民衆の間にあったのです。

これは、日本の民衆は、西洋や中国にあるような国家や皇帝の奴隷ではない、ということです。


このことをベースとして、次の話に進みたいと思います。

天皇のもとに公民があり、施政者はその公民の中から選ばれた人が、天皇から「認証」されて政治を行う。こうした体制が日本ではすでに大和時代に構築され、この体制のもとで、時代は奈良、平安と進みました。

そして平安時代の初期には、菅原道真《すがわらのみちざね》が遣唐使《けんとうし》を中止し、中国との交易を断って日本を鎖国《さこく》しています。

菅原道真　右大臣として数々の善政を行うが、藤原時平の政略により左遷される。都を去るときに詠んだ和歌「東風吹かば匂ひおこせよ梅の花主なしとて春を忘るな」は有名。

実は、菅原道真がとった行動は大変なことだったのです。なぜかといえば、海外との交易は、めちゃめちゃ儲《もう》かるものだからです。

日本から中国に品物を持っていけば、その品物は二十倍から三十倍の高値で売れたし、そのお金で中国でいろいろな品物を仕入れて日本に帰ってきてこれを売りさばけば、またまた二十倍から三十倍の値段で売れたのです。

ということは、仮に往復とも三十倍だったとすると、日本を出るとき百万円で仕入れた商品が、中国では三千万円で売れるわけです。このお金で中国の品物を仕入れて日本に帰ってくると、三千万円の三十倍、九億円になります。なんと、日本と中国の間を一回行き来するだけで、百万円が九億円に大化けしてしまうわけです。もちろんこれは机上《きじょう》の計算で経費も入っていませんが、国内の商売と比べれば、桁《けた》外れの利益があったことは間違いありません。それくらい中国との貿易は儲かったということです。

ところが鎖国をするということは、これだけの利益と利権を、すべての関係者が手放すということです。交易業者はもちろん、交易業者から多額の献金を受けている貴族や官僚などは、そりゃあ猛反対します。あたりまえです。

ですから、交易をやめて鎖国を選んだ菅原道真は、ありとあらゆる非難を浴びて、ついには政権の中枢から引きずり降ろされ、太宰府《だざいふ》で憤死《ふんし》してしまいました。

ではなぜ菅原道真は、中国との国交を絶つという決断をしたのでしょう。普通に考えたら理解できません。だって、交易は儲かるのです。これを「国」として行えば、国庫が潤《うるお》います。民の生活だって豊かになることでしょう。

にもかかわらず、道真公は交易を中止したのです。

しかもです、交易をやめて経済発展のチャンスをつぶしてしまった道真公が、没後には「天《てん》満天神《まんてんじん》」として人々からあがめられ、信仰される神様にまでなっているのです。これまたおかしな話です。

神社建立《こんりゅう》には、菅原道真の祟《たた》りを恐れたからという怨霊《おんりょう》説などありますが、それなら少なくとも「天満天神」なんていうおめでたい名前はつけません。

「天満天神」というのは、文字どおり天に満ちる天の神です。天の慈悲、神の慈悲を施す神という意味です。ある意味最高の称号です。交易をやめて人々に大損させたあげく、怨霊となって祟った人に付けるような名前ではありません。

鎖国を断行した背景

当時の世の中は、交易で利益を上げること以上に、交易を続けることによってもたらされる問題のほうが深刻になっていました。この問題が抜き差しならないものになっていたからこそ、道真公は大英断をもって交易をやめたのです。

ここで忘れてならないのは、日本には絶対権力者はいないということです。ですから道真公とはいえ、一人だけの力で交易をやめることはできません。ほかの多くの施政者たちが「もういい加減、交易はやめたほうがいい」と考えていたから実現したのです。

儲かる交易をやめようと思うくらい、大きな問題とは何だったのでしょう。

交易によってもたらされるものは、金品だけではありません。人も入ってきます。まして、大儲けできるとなれば、そこにはたくさんの人が群がってきます。

もちろん、日本人ばかりではありません。数多くの中国人や朝鮮人が、日本に入り込んできたわけです。

彼らの国には絶対的支配者がいて、民衆は奴隷という社会に育った人々です。上に立つ者と下の者との関係は、常に王様と奴隷の関係です。だから上に立つ者は、下の者に対して何をやっても構わない。それが当然の権利のように考える文化を持った人たちです。

そういう人々が、日本に来る。ここは日本なのだから、郷《ごう》に入《い》っては郷に従いましょうという人も、少なくはなかったことでしょう。けれど、一部のならず者たちは、日本に来て徒党《ととう》を組み、犯罪集団となりました。村人たちを襲い、残酷な殺害事件や強奪事件を繰り返していたのです。

いくらお金が儲かったって、民の生活や安全が脅かされるようなことが、たびたび起こるようでは何の意味もありません。治安が悪くなるくらいなら、少々貧乏でも構わないから国を閉ざして、また昔のようにみんなで協力し合って暮らしていきたい。そう考えるのは、ごく自然な成り行きです。

けれど一部には、他人が大変な目にあっていても、自分や自分の身内が被害にあわなければ、へっちゃらな連中がいます。儲かる商売をじゃまする者があれば、何がなんでもこれを阻止《そし》しようと考えたことでしょう。そして、その妨害工作がうまくゆかず、実際に交易ができなくなってしまったら恨み骨髄《こつずい》です。

だからこそ、道真公は、術策《じゅっさく》により中央を追われてしまいました。

追われたけれど、まっとうな庶民は、道真公が民の生活を守るために交易をやめるという政治的決断を下したことをよく知っています。それこそ天の意思、神の意思に通じるものがあります。だからこそ、道真公は「天満天神」となったわけです。この名前だけで、当時の民衆の心が分かろうというものです。

道真公が、交易を廃止したその最大の理由が「民の生活の安穏《あんのん》」にあった、ということは注目に値します。

民は「天皇の民」、つまり公民であって、施政者である道真公は、天皇からその民を預かっている立場、という認識が根底にあるからです。民は奴隷であり、民の生活などおよそ考えなくてもいいという施政者なら、道真公のような決断はあり得ません。

道真公の決断とその後の失脚の裏には、民は公民であるという意識をもつ施政者と、そんなの関係ねぇとばかり、自分たちの利益だけを追求する施政者とのせめぎ合いがあったのです。つまり、道徳主義と金満主義との政治的対立があった、ということです。

そして道真公は「金満」主義を否定し、道徳主義をうち立ててくれたから、多くの民がこれを感謝し、道真公こそ「天満様」だ、としたといえるのではないでしょうか。

8 平安時代

安倍一族と源義家

私田と武士の誕生

菅原道真公のおかげで日本が再び鎖国《さこく》され、異文化の人々が日本からいなくなり、時は平安中期へと移ります。

この時代、まさに平安文化の爛熟期《らんじゅくき》です。『源氏物語』などの女流文学が誕生したのも、このときでした。そして、一般庶民の生活・生産レベルが大変に飛躍し、成長していった時代でもありました。

もともと大宝律令により、日本全国の田畑は朝廷によって完全に把握《はあく》されていたのです。けれど人口というのは、だんだんに増えてくるわけで、そうなると子や孫を食べさせなきゃなりませんから、いきおい新田の開発が進みます。

新田の開発というのは、個人の力でできるような簡単なものではありません。大木を抜き、地面をならし、そこに水路をつくって水を引く。たくさんの人手が必要です。しかも新田の開発は、利権の調整という、やっかいな問題をはらみます。

たとえば、利水権です。川の上流の村が自分たちの新田のために水をせき止めてしまったら、下流の農民たちは、自分たちの田に水を引けません。水がなければ田は営めません。

当然、これは下流の農民にとって死活問題になります。はじめのうちはこうした利水などの利害の調整も、貴族や国司などにお願いして調停してもらっていたのですが、そうなると新田はやはり公地として国が把握するものとなり、租税の問題が発生します。新田主にしてみれば、せっかく新田を開発しても、実った米を税で持っていかれるのはちょっとつらい。

そこで中には、新田の一部を貴族などに寄贈するかわりに、その他の新田の税を免除してもらう、なんて人たちも出てきます。要するに新田寄贈による節税対策です。この動きはだんだんに加速します。こうして生まれたのが私田です。


私田は免税特権があるかわりに、境界や利水などの紛争に際しては、貴族や国司などの庇護《ひご》を受けることができません。

争いが起こったら、自分たちで解決しなければならないのです。話し合いですめば問題はありませんが、それだけでは、どうしても解決できない場合が多々あるのが人の世の常です。

そんなときには、力と人望のある人に調停を依頼しなければならなくなるわけです。新田の開発が進めば進むほど、そういう人たちが新田の封主《ほうしゅ》として存在価値を高めていきました。そして、そういう人のところには、謝礼として新田の寄贈なども行われましたから、なかには広大な私田を保有する人たちも現れます。これが新興地主としての「武士」の誕生です。

「武士」というのは、古代における防人《さきもり》や荘園の警固《けいご》兵などの「武人」たちとは異なります。古代における防人や荘園の警固兵は、現代でいうなら、さしずめ自衛隊や警察、機動隊のようなものです。これに対して平安中期に生まれた「武士」というのは、新田の開発地主の小領主です。

つまり古代の「武人」が、いわば雇われた兵隊さんなら、平安中期に誕生した「武士」は、それぞれが大地主であり自衛団だったわけです。

こうした新興地主たちは、朝廷や貴族に対抗して自分たちの生活圏を守るために、次第に結束し、武士団を形成していきました。そうしたほうがより強くなるから、自分たちの権利を守りやすいのです。

しかもそれだけではなく、朝廷や貴族の権威に対抗するため、彼らは自分たちの棟梁《とうりょう》に古い家柄の人を担《かつ》ぎました。その代表格が、源氏や平家、藤原氏、橘《たちばな》氏、安倍《あべ》一族などです。

なかでも天皇の血筋をひく源氏と平家は大きな力を持ちました。このことは日本人が「天皇のもとの公民」であると考えれば、容易に納得できます。

国司や徴税吏《ちょうぜいり》などは、天皇に任命された役人たちです。これに対抗する勢力の総大将が天皇の血筋の人となれば、たとえ相手が武力を持つ国司であったとしても、そう簡単には手を出せなくなるからです。

こうしてみんなから担がれた大規模武士団が誕生します。武家の棟梁は、それぞれの武士たちの本領を安堵《あんど》(保証・承認)してあげる。その代わり武士たちは、いざとなったら棟梁のもとに馳《は》せ参《さん》じる。これが「武士」たちの御恩《ごおん》と奉公《ほうこう》の関係です。

平将門《たいらのまさかど》や藤原純友《ふじわらのすみとも》の時代には、まだ武士団は、公的に認知された存在ではありませんから、この二人は反乱者として討伐《とうばつ》されてしまいます。しかし、その討伐にあたって武士が使われたため、朝廷内において武士たちは大きな力を持つようになりました。

実はこれは大変に皮肉な話なのです。どういうことかといえば、朝廷に税を払う人たちではなく、税を払わない人たちが、朝廷の政治に強い影響力を持つようになったからです。

歌問答から読み取れる武士の心意気

さて、永承《えいしょう》六（一〇五二）年には、前九年の役《えき》が起こりました。これは陸奥《むつ》の豪族の安倍一族（安倍晋三総理のご先祖なのだそうです）が時の国主に反抗して起こした反乱です。この討伐隊のリーダーが有名な源氏の棟梁、八幡太郎《はちまんたろう》と呼ばれた源　義家《みなもとのよしいえ》です。八幡神《はちまんじん》というのは武芸の神様で、その八幡の文字をあだ名に使われたくらいですから、相当の猛者《もさ》です。ですから別名がなんと、「天下第一武勇之士」です。その源義家に、おもしろい逸話《いつわ》があります。

源義家が、敵の大将の安倍貞任《あべのさだとう》を馬で追いかけていたときのことです。

追う義家、逃げる貞任。

義家は、貞任に「衣《ころも》のたてはほころびにけり」と下《しも》の句《く》を投げつけました。すると貞任は、振り向きざまにっこり笑って「年《とし》を経《へ》し糸の乱れの苦しさに」と、上《かみ》の句《く》を返したというのです。

その答歌《とうか》の見事さに、義家は構えていた弓を下ろし、貞任を逃がしてあげたとか。

これは義家と貞任の歌問答《うたもんどう》として大変有名なお話ですが、最近の学者さんたちの解説を読むと、さまざまな解釈があるものの、簡単に言えば、義家の「衣のたてはほころびにけり」というのは、逃げる貞任の服装が乱れていたことを指摘したもので、貞任の「年を経し糸の乱れの苦しさに」は、衣服が古着だからねえ、と答えたものだと書いてあるのです。

要するに、服装を乱し、丸くなって逃げていく貞任が、衣服が乱れているのは、古着だからだと答えたから、見事な歌だというのです。

ちょっと待ってくれと言いたくなります。

両者は仮にも一軍の大将です。それが古着云々《うんぬん》の歌問答など、あまりに不自然ではありませんか。しかもそれが、後世に残る名場面として語り継がれるなんていうことは考えられません。

なぜそんなツマラナイ解釈しかできないのかというと、この問答に流れる一番大事な思想的背景を見落とす、または故意に否定しようなどとするからです。

それは何かというと、義家も貞任も、「天下の公民」を預かる武家の大将であるという気概のもとに戦っているということです。公民というのは天皇の民です。その民を背負って戦っているという明確な使命感と自負のもとに、両雄の二人は対決しているのです。

ですから、はじめの義家の「衣のたてはほころびにけり」は、いわば、『北斗の拳』のケンシロウの「お前はもう死んでいる」と同じです。義家は弓の名手であり、その剛弓は三枚重ねた鎧《よろい》さえも射抜くほどの威力です。狙《ねら》いも正確です。その義家がピタリと貞任に狙いを定め、弓を引き絞《しぼ》って「貞任、おまえの衣のたてはほころびにけり」、つまり「お前はもう死んでいる」と声をかけたわけです。

これを聞いた貞任は馬をとめ、振り返ります。そしてニッコリ笑って、「年を経し糸の乱れの苦しさに」と詠《よ》んだわけです。

これが何を意味しているかというと、「三百年続いた律令体制が崩れ、国司などの横暴に、多くの天下の皇民たちが苦しんでいる。その『苦しさ』のために、俺たちは立ち上がったのだ」ということです。

そうなると「お前はもう死んでいる」と下の句で詠んだはずの義家の歌は、ぜんぜん違う意味になってしまいます。

つまり長い年月の間に崩れた律令体制で、天下の皇民たちの生活が苦しくなり、それを守るために立ち上がったという貞任の歌を、義家の「衣のたてはほころびにけり」が補強してしまうのです。政権側を代表している義家が、むしろ反体制側の貞任の言い分をまるごと認めたことになってしまうわけです。

年を経し　↓　長い年月の間に
糸の乱れの　↓　律令体制は乱れ
苦しさに　↓　多くの庶民が苦しんでいる（だから俺たちは立ち上がった）
衣のたては　↓　衣の縫い目（律令体制）は
ほころびにけり　↓　ほころびてしまっている

つまり、義家の投げつけた「貞任、お前はもう死んでいる」が、あら不思議。貞任の上の句によって、あっという間に「律令体制が死んだのだ」という意味の歌に早変わりしてしまったのです。実に見事なものです。

日本社会は、支配者が民衆を奴隷にして君臨するという大陸的支配社会ではありません。民は、あらゆる政治権力に認証を与える権威である天皇の民です。そして政治権力を持つ者たちは、その天皇の民を預かっているという立場です。ですから武士たちにとっても、民こそが一番大事なものです。民の生活の安寧《あんねい》のためにこそ立ち上がっているのであり、そこにこそ武士の存在価値と権威の本質があり、自覚があります。

もしそこで矢を射れば、民を救い民を守ることを使命にしている義家自身が、自己の立ち位置を否定することになってしまいます。それが分かったから、義家は弓を下ろし、貞任を逃がしたのです。

命を狙われながら、即興《そっきょう》でそこまで深いやりとりができる。こいつはすごいヤツだ、ただ者じゃないぞ、と義家は思ったことでしょう。

民のために戦う

この歌問答が後世に残る名場面とされているのは、実にこういう意味が含まれているからなのです。

そしてここでも「天皇のもとにある公民」という概念が出てきています。

安倍貞任が、大陸に見られるような地域の支配者豪族であり、民を私有物として奴隷のように支配しているだけの、つまり支配と被支配の関係しかないのなら、この歌問答はとりたてて深い意味を持ちません。

「お前はもう死んでいる」「古着だからね」という軽薄な解釈がせいぜいでしょう。

けれど、日本社会が「天下の公民」という基本理念を共用する社会であり、武士たちがその民を守るために立ち上がっているという背景を考えれば、この歌問答は、

「お前はもう死んでいる」

「それは体制の死を意味する」

という問答となり、一瞬のやり取りの中で歌の意味が反転し、安倍貞任の即興が冴《さ》え渡った、まさに歴史に残る名場面となるわけです。

そして貞任が瞬間的にそこまで歌を返したということは、貞任の精神の中に日頃から、「俺たちは私利私欲のためではなく、民のために戦っているのだ」という強い信念があったことまでをも、明確に示しているのです。

こういうことは、日本が天皇の存在によって成り立ってきたという歴史を否定したら、まったく理解できなくなります。せっかくの美談も、ただの古着話になってしまうのです。

子供たちに古来変わらぬ日本人の素晴らしい精神性を伝え、教えることができなくなるなんて、もったいないことです。

壇ノ浦の戦いと鎌倉幕府の始まり

本質を忘れると見えなくなるもの

だいぶ前ですが、テレビを見ていたら、「最近、日本の常識が変わってきている」というコーナーで、鎌倉幕府の成立年が変わったという話が出てきて、びっくりしました。

過去の出来事が変化するはずがありません。どういうことかと思って見ていると、我々の世代では、鎌倉幕府の成立は、「一一九二（いいくに）つくろう鎌倉幕府」と教わったのですが、最近の中高生の歴史教科書では、鎌倉幕府の成立年を、一一八五年と教えているというのです。テレビには学校の先生らしき人が出て、「諸説あるようですが、いまでは一一八五年が鎌倉幕府の成立とされています」と、ニコニコしながら述べていました。

とんでもないことです。

一一八五年というのは、壇ノ浦の戦いで平家が滅んだ年です。平家を討《う》ったのが源氏です。源《みなもとのよりとも》頼朝の命を受けた義経《よしつね》（頼朝の弟）が平家を追討《ついとう》し、最後は壇ノ浦《だんのうら》で滅ぼしています。

ところが義経は、平家を討ったあと朝廷に密着したために、鎌倉にいる兄貴の頼朝から疎《うと》んじられ、ついにこの年、頼朝から追われる身となってしまいます。

一一八五年というのは、そういう年です。

源頼朝が平家追討の挙兵をしたときからの流れを整理してみましょう。

一一八〇年八月、頼朝は伊豆で挙兵し、伊豆の代官、山木兼隆《やまきかねたか》を討つのに成功したあと、箱根湯河原での「石橋山の戦い」に破れて千葉県に落ちのび、そこで兵力を再結集して静岡県の富士川で平維盛《たいらのこれもり》の大軍と対峙《たいじ》して、同年十月、この富士川の戦いに大勝利します。

ちなみに、富士川の戦いがいよいよ始まろうとするとき、頼朝は弟の義経と「涙の対面」をしたというのも有名な話です。この富士川の戦いのあと、頼朝から静岡県下の平定を命ぜられたのが甲斐《かい》の武田信義《たけだのぶよし》で、この方が武田信玄《しんげん》の祖先です。

富士川の戦いのあと頼朝は、いよいよ本格的な平家追討のために関東武者を集結させようと、兵をいったん鎌倉に引き上げました。そしてその「鎌倉」を拠点にして、大軍を指揮できる体勢を構築しはじめたのが一一八〇年の末なのです。

三年後の一一八三年、頼朝は弟の義経に命じて、いよいよ平家追討に乗り出しました。上洛《じょうらく》した義経は、木曽義仲《きそよしなか》の追討や、一ノ谷の戦い、屋島の戦いなどを経《へ》て、一一八五年、ついに壇ノ浦で平家を滅ぼし、一躍、時の人になるのですが、新政権を打ち立てたい頼朝は、義経追討の命を下します。

そして、三年後の一一八九年四月の「衣川の戦い」で義経は自害し、その後の奥州の戦いで、頼朝は東北地方を平定します。

その結果、同年十一月には頼朝は、陛下から奥州征伐《おうしゅうせいばつ》を称える書状をいただき、後白河《ごしらかわ》法皇が没した一一九二年七月に、「征夷大将軍《せいいたいしょうぐん》」に任じられ、そこではじめて鎌倉が幕府として政治の中心地となったのです。

つまり一一八五年の時点では、国内はまだ内乱の状態にあったわけです。

また、頼朝が鎌倉に拠点を置いたからというなら、それは一一八〇年の出来事なのです。

天皇の親任あっての征夷大将軍

日本の歴史で大切なことは、常に天皇は最高の権威であり、施政者《しせいしゃ》は天皇の親任を経て国を統治してきたという点です。

「幕府」の「幕」は「天幕《てんまく》」のことで、「府」は「お役所」を指します。つまり、ご皇室に代わって指揮を執《と》る将軍が、出先で幕を張った陣地が「幕府」です。

要するに、陛下から将軍に任ぜられて、はじめて「幕府」を開けるのであって、ただ勢力を張っただけでは、幕府とはいえません。

現代社会だって同じです。政権第一党の党首になったからといって、そのまま内閣総理大臣になれるわけではありません。陛下のご親任を経て、ようやく正式に総理大臣になります。

アメリカの場合は、大統領選に勝ったあと、神の前で宣誓をします。その儀式を経て――神の承認を受け、はじめて正式に大統領として権力を揮《ふる》えるようになるのです。大統領選に勝っただけでは、大統領ではありません。

つまり、いかに鎌倉の頼朝が全国一の総大将となったとしても、それだけでは幕府とはいえません。単に武家の総大将というだけの存在です。その総大将が陛下から征夷大将軍の称号を得たときに、はじめて鎌倉の源頼朝政権が、国内の正式な政権として認められたのです。

このことは言い換えると、幕府を承認するのは、常に天皇だということです。当然のことながら、権威の序列は「天皇→幕府」となります。

一一八五年をもって「鎌倉幕府の成立」とするという背景には、そういう天皇の親任という我が国の基本となる理念を、故意に否定しようとする意図があるということです。日本の歴史や文化をねじまげて本質を見えなくしてしまう、間違った考えです。

ですから同様に、室町幕府の開始は、足利尊氏《あしかがたかうじ》が光明《こうみょう》天皇から征夷大将軍に任じられた暦《れき》応《おう》元（一三三八）年だし、江戸幕府の開始は、徳川家康《とくがわいえやす》が征夷大将軍に任じられた慶長《けいちょう》八（一六〇三）年です。


ではなぜ天皇が権威であるかといえば、神話の時代から続く万世一系という歴史があるからです。日本の最高神は、天照大神《あまてらすおおみかみ》ですが、その天照大神から脈々と続く血統が、天皇の権威の根幹をなしています。

日本において政治権力は、鎌倉政権、室町政権、江戸政権など、さまざまに変化していますが、中心には常に天皇がおわします。言い換えれば、鎌倉政権誕生も、江戸幕府誕生も、明治政府の誕生も、等しく政権交替でしかなかった、ということです。

この点、中国は異なります。中国は王朝が「隋《ずい》↓唐《とう》↓宋《そう》↓明《みん》↓清《しん》」等と移り変わりましたが、中国の皇帝の権威は、天の神様（これを上帝といいます）から授かった権力とされています。

つまり皇帝は神の代理人であり、神そのものの権力と権威を持つわけです。

ところがその皇帝が、国を荒らすと、天命が別の家へと移ります。これが天命が「革《うつ》る」で、「革命」、別の姓の家に天命が「易《かわ》る」ので、「易姓」、合わせて易姓革命《えきせいかくめい》です。

これは日本でいうなら、天皇自体が天皇家から佐藤さんや鈴木さんに変わるようなもので、日本では、過去こうした事象は起こっていません。だからこそ、一般の民衆は、古代からずっと天皇の皇民という自由な民《たみ》であり続けたわけです。

壇ノ浦の戦い

さて、せっかく平家滅亡の話が出ましたので、逸話《いつわ》をひとつご紹介しておきたいと思います。壇ノ浦の戦いのときのことです。

治承《じしょう》四（一一八〇）年に源頼朝が平家打倒の兵をあげてから五年、屋島の戦いで敗退した平家一門は、長門国引島《ながとのくにひくしま》（山口県下関市）まで後退して、そこで源氏に最後の決戦を挑《いど》もうとしました。寿永《じゅえい》四（一一八五）年三月二十四日のことです。

平家一門は、関門《かんもん》海峡の壇ノ浦に無数の船を浮かべて、義経率いる源氏を待ち受けました。静かに夜が明ける。そして午前八時、いよいよ戦いの幕が切って落とされました。

源氏の船は潮の流れと逆方向に向いていますから、櫓《ろ》を漕《こ》がねば前に進みません。逆に平家は、潮の流れに乗っていますから、船にスピードがあるうえ機動力も上です。
潮の流れを味方につけた平家は、流れに乗って源氏の船に迫り、盛んに矢を射かけます。
一方、潮の流れに逆らう源氏の船は、平家の射る矢の前に、敵に近づくことさえできません。
船を散開させ、なんとか矢から逃げようとする源氏、船を密集させ次々と矢を射かける平家。
こうして正午頃までに源氏は、あわや敗退というところまで追いつめられていきます。

ところが、ここで潮の流れが止まります。追いつめられていた源氏は、ここで奇抜《きばつ》な戦法に打って出ます。

義経が、平家の船の「漕ぎ手を射よ」と命じたのです。堂々とした戦いを好む坂東武者《ばんどうむしゃ》にとって、武士でもない船の漕ぎ手を射るなどという卑怯《ひきょう》な真似は、本来ならできない相談です。

ところが開戦から四時間、敵である平家によってさんざん痛めつけられ、陣を乱していた源氏の武士たちも、ここまでくると卑怯だのなんだのと言っていられません。義経の命に従い、平家の船の漕ぎ手を徹底して射抜きます。

もしかすると義経は、気の強い源氏の武将たちに、敵の漕ぎ手を射る決断をさせるために、あえて流れに逆らっての攻撃命令を下したのかもしれません。

平家は狭い海峡に無数の船を密集させて浮かべています。そこに漕ぎ手を狙った源氏の矢が、次々と射かけられたわけです。こうなると漕ぎ手を失った平家の船は、縦になったり横になったり、回ったりして、平家船団の陣形は乱れてしまいます。

平家の軍団は、海上で大混乱に陥ってしまいました。

そこへ今度は、潮の流れが、源氏側から平家側へと変わります。まさに潮目《しおめ》が変わったのです。潮の流れというのは、経験のない人にはあまりピンとこないかもしれませんが、まるで川の流れのように速く強いものです。まして狭い海峡の中となれば、なおのことです。

勢いに乗った源氏は、平家一門の船に源氏の船を突撃させます。平家一門は、ここまで約四時間、矢を射っぱなしだったのです。すでに残りの矢は乏《とぼ》しい。源氏はそこを突きます。

船が近づき接近戦になれば、もともと接近戦が得意な源氏武者の独擅場《どくせんじょう》です。離れて矢を射かける戦い方を得意とする平家は、刀一本、槍《やり》一本で船に次々と飛び移ってくる坂東武者の前にひとたまりもなく崩れていきます。

平家の船は次々と奪われ、ついに平家一門の総大将、平知盛《たいらのとももり》の座乗する船にまで源氏の手が迫ります。

敵といえども雑兵を殺すな

「祇園精舎《ぎおんしょうじゃ》の鐘の声《おと》、諸行無常《しょぎょうむじょう》の響きあり」という有名な一節ではじまる『平家物語』では、このあたりから、まるで錦絵を見るような色彩豊かな描写をしていきます。

迫り来る敵を前にした平教経《たいらののりつね》。すでに彼は、部下ともども、矢を射尽くしていました。そこに源氏の兵が潮に乗って迫ってきます。平教経は、今日を最期と肚《はら》に決めました。

そのときの教経の服装は、赤地の錦の直垂《ひたたれ》に唐綾縅《からあやおどし》の鎧《よろい》です。そして厳物作《いかものづく》りの大太刀《おおたち》を腰にして、白木の柄の大長刀《おおなぎなた》の鞘《さや》をはずすと、次々と敵をなぎ倒していきました。

その壮絶な戦いぶりをみた総大将の平知盛は、教経に使者をつかわします。実は、ここが『平家物語』のなかで一番大切なところです。

平知盛は、次のように伝えたといいます。

「教経殿《のりつね》、あまり罪を作りなさるな。相手はそれほど立派な敵だろうか（そうではあるまい）」

つまり平知盛は、戦いの最中に、「雑兵《ぞうひょう》を殺すことが、武将として立派な戦い方でしょうか？」と平教経をたしなめているのです。

どういうことかというと、雑兵というのは、日頃は農民です。ということは、源氏だの平家だのと言う前に、彼らは天皇の民、大御宝《おおみたから》なのです。

武門の家柄なのだから、戦いはやむをえません。けれど雑兵となっている庶民は、たとえそれが敵であったとしても、すこしでも守ってやり、命をながらえさせてやるのが、武将の務めだ、と平知盛は言っているのです。

「戦《いくさ》のさなかに、何を能書き垂《た》れてんだ!」と、思う方もおいでかもしれません。けれど、それは今の我々の感覚であって、当時の武将にとってこのことは、命を賭けるに足る大事な精神だったのです。

ですから平知盛《たいらのとももり》のひと言に、ハッと気がついた教経《のりつね》は、「さては大将軍と組み合えというのだな」と心得て、長刀《なぎなた》の柄《え》を短く持つと源氏の船に乗り移り、「義経《よしつね》殿はいずこにあるか」と大声をあげます。残念なことに教経は、義経の顔を知らないのです。そこで鎧甲《よろいかぶと》の立派な武者を義経かと目をつけて走り回ったわけです。

ところが義経は、まるで鬼神のように奮戦する教経の姿に、これは敵わないと恐怖を持ちます。他方、部下の手前、露骨に逃げるわけにもいきません。

そこで教経の正面に立つように見せかけながら、あちこち行き違って、教経と組まないようにします。ところが、はずみで義経は、ばったりと教経に見つかってしまいます。

平教経は「それっ」とばかりに義経に飛びかかります。義経はあわてて長刀を小脇に挟むと、二丈《じょう》ほど後ろの味方の船にひら〜り、ひら〜りと飛び移って逃げていきます。これが有名な「義経の八艘飛び《はっそうとび》」です。

平教経は重装備です。すぐには船から船へと飛び移れません。ですからその場で太刀や長刀を海に投げ入れ、兜《かぶと》さえも脱ぎ捨てて、胴のみの姿になると、「われと思はん者どもは、寄って教経に組んで生け捕りにせよ。鎌倉へ下つて、頼朝に会うて、ものひとこと言わんと思ふぞ。寄れや、寄れ！」（われと思う者は、寄って来てこの教経と組みうちして生け捕りにせよ。鎌倉に下って、頼朝に一言文句を言ってやる。我と思う者は、寄って俺を召し捕ってみよ！）とやるわけです。

ところが、丸腰になっても、教経は猛者そのものです。さしもの坂東武者も誰も近づけません。みんな遠巻きにして、見ているだけです。

そこに安芸太郎実光《あきたろうさねみつ》が、名乗りをあげます。安芸太郎は土佐の住人で、なんと三十人力の大男です。そして太郎に少しも劣らない堂々たる体格の家来が一人と、同じく大柄な弟の次郎を連れています。

太郎は、「いかに猛しますとも、我ら三人取りついたらんに、たとえ十丈《じょう》の鬼なりとも、などか従へざるべきや」（いかに教経が勇猛であろうと、我ら三人が組みつけば、たとえ身の丈《たけ》十丈の鬼であっても屈服させられないことがあろうか）と、主従三人で小舟にうち乗り、教経に相対《あいたい》します。そして刀を抜いて、いっせいに打ちかかる。

ところが教経は少しも慌てず、真っ先に進んできた安芸太郎の家来を軽くいなして海に蹴り込むと、続いて寄ってきた安芸太郎を左腕の脇《わき》に挟みこみ、さらに弟の次郎を右腕の脇にかき挟み、ひと締《し》めぎゅっと締め上げ、「いざ、うれ、さらばおれら、死出の山の供せよ（さあ、おのれら、それでは死出の山へ供をしろ）」と言って、海にさっと飛び込んで自害《じがい》するわけです。まさに勇者の名にふさわしい最期です。このとき教経、二十六歳です。

壇ノ浦の戦いで平家は滅びます。この戦いで命を救われた建礼門院《けんれいもんいん》を、後白河法皇が大原にお訪ねになり、昔日《せきじつ》の日々を語り合う場面で、『平家物語』は語りおさめとなります。『平家物語』の冒頭には「驕《おご》れる者も久しからず」と書かれてありますが、本文中には、平教経にみられるように、平家一門の勇敢さを讃《たた》える名場面が数多く登場します。

そして特に、この壇ノ浦の戦いにおける平忠盛と平教経の「敵といえども雑兵を殺すな」というやりとりは、当時の武将たちの心を知る上で、とても重要な部分だと思います。

なんのための武門の家か。
それは民の安寧《あんねい》のため。

その精神の根源には、天皇と皇民という思想が空気のようにあたりまえの常識となっていたこと、そして日本はその精神を古来培《つちか》ってきた国なのだということを、私たちはもう一度確認する必要があるのではないかと思うのです。

建武の中興と天皇の役割

『太平記』の謎

ずいぶん昔のことになるのですが、司馬遼太郎氏が『文芸春秋』の冒頭言だったか、『街道をゆく』だったかで、友人の作家が『太平記』を書こうとしていることに触れ、「あの時代はまさに権謀術数《けんぼうじゅっすう》渦巻いた時代で、その時代を書こうとすると、たいていの人は頭がおかしくなってしまうので、やめたほうがいいと話した」という内容の話を書いていたことがあります。

ただし、三十年以上昔の話なので、細かいところはウロ覚えです。

『太平記』は室町時代に書かれた全四十巻の長編物語で、後醍醐天皇《ごだいごてんのう》の即位から鎌倉幕府の滅亡、建武《けんむ》の中興《ちゅうこう》の失敗と南北朝分裂、南朝の怨霊の跋扈《ばっこ》による足利幕府の混乱までが舞台となっています。

原典があるわけですから、『源氏物語』や『義経記』のように、現代版の小説になりやすそうに思えますし、権謀術数渦巻く時代であれば、小説としておもしろい題材もたくさんありそうです。にもかかわらず、なぜ『太平記』を扱うと「頭がおかしくなる」のかというと、どうしても触れなくてはならない問題にぶつかるからです。

それが何かというと、「天皇とは何か」という問題です。

相続制度の欠陥

この問題に触れる前に、『太平記』が書かれた時代背景を知ってもらうため、少し前の鎌倉時代のお話をします。

鎌倉幕府は、源頼朝の開幕（一一九二年）から幕府滅亡（一三三三年）まで、百四十一年続いた政権です。開幕から八十二年たったところで起きたのが、元寇《げんこう》（文永の役、一二七四年）です。元寇のときに活躍した武士たちに恩賞を払えなかったため鎌倉幕府は滅亡したと教えている教科書もあるようですが、これは違います。なぜなら元寇以降も半世紀の長きにわたって、幕府はその権威を保っているからです。

鎌倉幕府が崩壊した理由は、もっとほかにあるのです。相続制度です。

鎌倉武士たちの相続制度は、いまの日本と同じで、財産を子供たち全員へ平等に分ける均等配分方式でした。

実はこれ、大変な問題をはらんでいる制度なのです。

もともと鎌倉武士というのは、平安時代に生まれた私有地（新田）の領主だったわけで、それぞれが広大な領地を保有していました。

彼らはその領地で一族郎党《いちぞくろうとう》を養い、その領土を武家の棟梁《とうりょう》である幕府に安堵《あんど》（保証・承認）してもらうという御恩《ごおん》を受け、それに対するお礼として、「一朝ことあらば、いざ鎌倉」と馳《は》せ参じる。つまり領地をもとにした「御恩と奉公」の関係にあったわけです。

当然、一族郎党を養う領地を代々維持していくためには、家督《かとく》を継ぐ子供が必要でした。ところが昔は、子供というのは大変よく死んだものです。

いまでこそ、一人っ子でも、その多くは成人を迎えることができますが、数十年前でさえ、成人できる子より、死んでしまう子のほうが多かったのです。まして鎌倉時代のことです。子が成人するだけでも困難な時代に、御家人たちが家を残そうとすれば、それなりに子をたくさんもうけなければなりません。当然、子だくさんになります。

ところが、ここで相続制度が、均等配分方式だったわけです。

するとどうなるか、実際に計算してみましょう。

仮に百人を養えるだけの土地があり、相続する子が二人だったとします。最初の相続、つまり二代目では、五〇、五〇に土地が分割されますから、それぞれ五十人しか養えなくなります。

次の世代になると、二五ずつに分割され、養えるのは二十五人になります。これが三代目。

四代目になると、一二・五ずつ。

五代目になると、六・二五。

六代目になると、三・〇。

七代目になると、一・五。

八代目になると、〇・七五。

つまり、七代目にはもう夫婦で食べて行くことすらできず、八代目になると家が崩壊してしまうわけです。

元服も結婚も早かった時代ですから、一世代はおよそ二十年で交替しています。

つまり、「二十年×七代＝百四十年」で見事に財政が破綻し、幕府も崩壊してしまうわけです。

実際、鎌倉幕府は数式どおり百四十一年目に崩壊しています。

こうして田を分けてしまうことで家を滅ぼし、国を滅ぼすことを、後年の人は嘲笑《あざわら》って「田《た》分《わ》け」と言いました。よく時代劇などに出てくる「この、たわけ者めがっ！」の「たわけ」です。

鎌倉幕府は、こうした相続制度の欠陥による御家人たちの窮乏《きゅうぼう》を救うため、開幕から百五年目の一二九七年（相続四世代目）には「徳政令《とくせいれい》」といって、御家人たちの借金帳消し令などを発布しました。これは要するに自己破産です。

現代社会でもそうなのですが、破産宣告を受けたら、もう借金はできません。借金しなければ生活できないのに借金ができないとなれば、それはそれで大変なことになります。こうして鎌倉幕府は、政権運営主体としての信用を落とし、結果として一三三三年に崩壊してしまうわけです。時の政権というのは、天皇が認証を与えることによって成立しているわけです。その政権――このときは鎌倉幕府ですが、事実上崩壊してしまったなら、誰かが幕府にかわって政治の指揮をとらなければなりません。

この混乱した世の中を、なんとか治めようと立ち上がったのが後醍醐天皇でした。これが、建武の中興です。

親政《しんせい》により民の窮状《きゅうじょう》を救う

私の個人的な思いですが、後醍醐天皇というのは、とっても責任感がお強く、また男気の強い（ということはある意味、お人好しな）、人間味豊かなお方であったろうと想像しています。

というのは、後醍醐天皇は、鎌倉幕府崩壊にともなう社会混乱の渦中《かちゅう》に、「権力に認証を与える存在」である天皇が自ら親政《しんせい》というカタチで政治の指揮を執《と》ろうとされたからです。

「親政」というのは、大変分かりやすい言葉です。権力に認証を与えた「親」が「子」にかわって直接政治の指揮を執るという言葉だからです。

後醍醐天皇は政治の指揮を執り、全国で分割されてしまったすべての農地を、いったん古代律令国家の体制に戻すことを宣言されました。古代律令国家の体制というのは公地公民制です。

後醍醐天皇　鎌倉時代末期から南北朝時代にかけて、混乱した政治に介入。96代天皇にして南朝初代天皇。（吉水神社所蔵）

つまり、すべての田畑を「公」のものとする、と宣言されたのです。

後醍醐天皇は、これを建武年間に行いました。「建武」というのは、「武士の世を建てる」という意味です。

おそらくは、後醍醐天皇の御心の内には、

いったんは日本の姿を七世紀、つまり聖徳太子の時代の古代律令体制の姿に戻すけれど、そのうえであらためて「武を建てる」つまり武家に政権を委《ゆだ》ねるという方向のイメージがあったのでしょう。だからこその「建武」です。

そして、このまま民の窮状を放置することはできないという、強いお気持ちがあったであろうと想像できます。

そうした後醍醐天皇のもとには、楠木正成《くすのきまさしげ》や児島高徳《こじまたかのり》など、数多くの忠臣が集《つど》いましたが、同時に朝廷内には、後醍醐天皇の行動に疑念を呈《てい》する人たちが現われてきたのです。

疑念を呈するとはどういうことかというと、まさにこのことが冒頭に触れた、『太平記』に関する疑問と、「天皇とは何か」という問題にかかわってくるのです。

我が国における天皇という存在は、世俗にまみれた「政治」の世界よりも、もっとずっと高位に位置します。

天皇は、我が国の最高神である天照大神《あまてらすおおみかみ》から綿々《めんめん》と続く神の直系の子孫です。その神の血統は民衆の親となり、その親が政治を行う者に認証を与えます。だから、どんな政権下においても、天皇は神聖だし、民は天皇の民、公民（皇民）となることで、権力者による支配と、それへの隷従《れいじゅう》という奴隷《どれい》的支配関係から解放されているのです。

ところが、後醍醐天皇が親政を行うということは、天皇が、その政治権力者の地位にまで降りてしまうということです。

するとどうなるかというと、中国の皇帝みたいなもので、「天皇＝絶対権力者」となり、民衆は天皇の支配に隷属《れいぞく》する奴隷というカタチになります。

そうならないように日本では、天皇みずから政治を行おうとするとき、天皇はその位を子に譲り、子から上皇の位を授かって院政《いんせい》をひくなどといった、やっかいなことをしているわけです。

ですからもし、後醍醐天皇が、子の成良親王《なりよししんのう》に皇位を譲って院政をひくか、あるいは成良親王を鎌倉幕府の将軍に任命して、成良将軍のもとに政治を行おうとしたのなら、建武の中興は、多くの臣官の賛同を得て成功し、その後の長い治世を築く土台となったかもしれません。

魑魅魍魎《ちみもうりょう》が跋扈《ばっこ》していた戦後の日本

結局、後醍醐天皇の建武の中興は、それが天皇親政というカタチをとったがゆえに、これを拒否する多くの人たちの反対によって、持明院統《じみょういんとう》の別な天皇（北朝）が生まれ、朝廷は二つに分裂します。その後、約六十年にわたる南北朝の動乱の後、明徳《めいとく》三（一三九二）年の「明徳の和約《わやく》」によって、後小松《ごこまつ》天皇に皇位が譲られ、もとの日本古来の天皇の認証による権力者という社会形態に戻るわけです。

つまり、『太平記』を小説化しようとすると、なぜ朝廷が南北に分裂したのか、そもそも天皇とはなんぞや、という議論にどうしても到らざるをえないのです。

朝廷が南北に分裂した理由とともに、天皇の存在についても明確にして『太平記』に取り組むと、戦後は天皇に反対する組織から猛烈な反発や潰《つぶ》しが行われました。とんでもない非難中傷だったそうです。作家生命を絶たれるまで、激しい「追い込み」が行われ、全人格的な非難中傷によって、これを書こうとする作家自身が、作家生命を失うどころか、それこそ自殺にまで追い込まれかねないくらいの迫害を受けたのです。

そのことを知っていたから司馬遼太郎氏は、友人の作家に「太平記はやめとけよ」と語ったのだと思います。

実はいまでもこうした「潰し」活動はさかんに行われていて、保守系である程度名前が知られた人たちは、全員がそうした中傷被害に遭《あ》っています。

ところがおもしろいもので、そうした中傷活動の手口があまりにも似ていて、どの人に対しても同じ展開なものだから、ネットにより情報の共有化が進んだいまでは、「なんだ君もか」となってきて、かえって保守系活動家の人たちの結束を強めるという、まったく逆の効果を生むようになってきています。

しかも、そういう中傷活動の火付け役が、ほんの一握りの人たちであり、しかもそれらがほぼ在日外国人であること。さらには、その在日外国人たちにすっかり騙《だま》され、踊らされて、彼らの保守分断工作に結果として加担してしまった人物まで、ほぼ特定されてしまうという状況になってきています。まさに、情報化社会の賜物《たまもの》です。

『古事記』には、天《あま》の岩戸《いわと》に天照大神《あまてらすおおみかみ》がお隠れになっていた間、この世は闇に閉ざされ、魑《ち》魅魍魎《みもうりょう》が跋扈《ばっこ》した、と書かれています。そして、それら魑魅魍魎は、天の岩戸が開かれ天照大神が再登場してこの世に光が戻ったとき、すっかり正体を晒《さら》して、すべてが暴《あば》かれたとなっています。『古事記』が書かれたのはいまから千三百年もの昔ですが、同じことがいままた起ころうとしています。

戦後閉じられた天の岩戸は、いま再び開かれたのです。

ちなみに、前掲の肖像画もそうですが、後醍醐天皇に関してはほかの天皇と異なり、なんとなく中国の皇帝のようなお姿で描かれているものが多いようです。そういうところに、古人からの微妙なメッセージを汲《く》み取るというのも、大切なことなのではないかと思います。

また「建武の中興」は、最近の学校の歴史教科書では「建武の新政」と教えているそうです。あえて表記を「中興」から、しかも「親政」ではなく「新政」に変えているところなどに、隠れた意図を感じるのは私だけではないと思います。

※本章では後醍醐天皇を争点にし、批評・批判するつもりは全くありません。歴史は批評・批判するのではなく、あくまで歴史から謙虚に学ぶというのが、私の基本的考えです。そこは誤解のないようにお願いします。（著者）

11 戦国時代

ザビエルの言葉

宣教師が驚嘆《きょうたん》した日本の民度

天文《てんぶん》十八（一五四九）年八月に、日本に初めてキリスト教を伝えた聖フランシスコ・ザビエルは、本国へ送った手紙の中で、初めて接する日本人の印象を驚きと敬愛の念をもって、次のように綴《つづ》っています。

この国の人々は今までに発見された
国民の中で最高であり、
日本人より優れている人々は
異教徒の間では見つけられない。
彼らは親しみやすく、
一般に善良で、悪意がない。

聖フランシスコ・ザビエル像（神戸市立博物館蔵）

驚くほど名誉心の強い人々で、
ほかの何ものよりも名誉を重んじる。
大部分の人々は貧しいが、
武士も、そうでない人々も
貧しいことを不名誉とは思わない。

ザビエルが日本に滞在したのは、天文十八（一五四九）年八月から天文二十一（一五五二）年十一月までの、三年三カ月でした。その間、ザビエルは鹿児島、山口、京都とめぐって布教活動を行っています。ここまでは、教科書によく書いてあることです。

問題は、ザビエルの見た日本です。

「彼らは親しみやすく、一般に善良で、悪意がなく、驚くほど名誉心の強い人々で、名誉を重んじ、大部分の人々は貧しいが、武士もそうでない人々も、貧しいことを不名誉と思わない」

そのようにザビエルが評価したのは、日本が日本文化を円熟させた江戸時代のことではありません。ザビエルが日本にいた、天文十八〜二十一（一五四九〜一五五二）年というのは、「戦国時代」です。

一五四九年といえば、織田信長がまだ藤原信長と名乗り、徳川家康は松平竹千代《まつだいらたけちよ》という名の少年だった時代です。この年、竹千代は駿府《すんぷ》の今川義元《いまがわよしもと》に人質として送られています。一五五〇年は、前田利家《まえだとしいえ》が十四歳で信長に仕えた年。信長の守役だった平手政秀《ひらてまさひで》が、うつけ者と呼ばれた信長を諌《いさ》めるために切腹したのが、ザビエルが日本を去った翌年のことです。

要するに、ザビエルの見た日本は、まさに戦国まっただ中の時代だったわけです。

みなさんは「戦国時代」と聞くと、どのようなイメージを思い浮かべるでしょうか。おそらく、戦国大名が戦《いくさ》ばかりやっていて、荒っぽい武士たちが我がもの顔に往来を闊歩《かっぽ》し、部下が殿様を殺すこと（下克上《げこくじょう》）はあたりまえで、あらゆる権威が崩れ、度重《たびかさ》なる戦乱で、田畑は荒らされ、庶民は飢《う》え、国は乱れ、巷《ちまた》には野武士集団が跋扈《ばっこ》して、庶民や農民から略奪を繰り返していた時代、そんなところだろうと思います。

しかし、実際にその時代の日本を自分の足で歩き、見聞したザビエルは「この国の人々は今までに発見された国民の中で最高であり、日本人より優れている人々は異教徒の間では見つけられない」と述べているのです。

ザビエルの目に映った戦国時代の日本は、彼をして最大の賛辞を贈らしめるほど、実に優れた文化と高い民度を持った国だったのです。

これはいったいどういうことなのでしょうか。ぜひ、みなさんには、このことの意味を考えていただきたいのです。

私たちは、学校の教育やテレビ、映画などを通じ、戦国時代――いや日本そのものに対する、間違ったイメージを鮮明に焼き付けられているのかもしれません。

もし、みなさんがザビエルと同じ立場にある宣教師だったとして、いまの日本を見たとき、彼と同様の評価をするでしょうか。もし、「しない」のであれば、世が乱れたといわれる戦国時代よりも、いまの日本のほうが、よほど民衆の心が荒《すさ》んでいるということになります。

実際には、戦国時代に書かれた日記などの記録と、江戸時代のものとを比べてみると、日本人の心はまるで変わっていないことに驚かされます。

日本人は、戦国期においても、文化が円熟したとされる江戸期においても、同じように勤勉で真面目で、人を大事にし、ひとりひとりが自らの成長に励《はげ》み、人々が互いに助け合い、たとえ貧しくても立派に生きることを選択した、非常に民度の高い国民だったということが分かるのです。

日本はひとつの共同体だった

エドワード・モース（Edward Sylvester Morse）は、明治十（一八七八）年から明治十五（一八八二）年にかけて、三度にわたって来日したアメリカの教授です。日本の大森貝塚の発見や、ダーウィンの進化論を日本に伝えた人でもあります。

そのモースが、日本での体験談を『JAPAN DAY BY DAY』という本にしています。明治十年頃の日本の姿を、紀行文として著した本です。

すこし引用してみます。

・世界中で日本ほど、子供が親切に取り扱われ、そして子供のために深い注意が払われる国はない。ニコニコしているところから判断すると、子供たちは朝から晩まで幸福である。

・外国人の筆者が一人残らず一致することがある。それは日本が「子供たちの天国だ」ということである。

・この国の子供たちは親切に取り扱われるばかりではなく、ほかのいずれの国の子供たちよりも多くの自由を持ち、その自由を乱用することはより少なく、気持ちのよい経験の、より多くの変化を持っている。

・世界中で両親を敬愛し、老年者を尊敬すること、日本の子供に如《し》くものはない。汝《なんじ》の父と母とを敬愛せよ、これは日本人に深くしみ込んだ特性である。

・日本人のきれい好きなことは、常に外国人が口にしている。日本人は、家に入るのに、足袋《たび》以外は履《は》いていない。木製の履物《はきもの》なり、わらの草履《ぞうり》なりを、文字どおり踏み外してから入る。最下級の子供たちは家の前で遊ぶが、それにしても地面でじかに遊ぶことはせず、大人がむしろを敷いてやる。

モースは、明治十九年にも『Japanese Homes and their Surroundings』という本を書いています。そこには、次の記述があります。

・レインをはじめ文筆家たちは「日本の住居にはプライバシーが欠けている」と述べている。しかし彼らは、プライバシーは野蛮で不作法な人々の間でのみ必要なことを忘れている。日本は、こういった野蛮な人々の非常に少ない国である。

冒頭で戦国時代のザビエルを引用しましたが、それよりももっと古い時代、奈良時代の終わり頃の七五六（天平 勝宝八《てんぴょうしょうほう》）年に建てられた国宝を保存する正倉院《しょうそういん》には、これまた有名な話だけれど、鍵がありません。あるのは、紙でできたお札です。それで、泥棒が入らない。

一般の民家でさえ、一昔前《ひとむかし》――隣の異なった文化の人々が日本人のような顔をして日本国内に住むようになるまでは、家に鍵などなかったし、玄関の戸はいつも開け放たれたままでした。開けっ放しでも、鍵などかけなくても、そもそも泥棒が入る心配などまったくなかったからです。なぜでしょう。答えは、私がいつもお世話になっている神社の宮司さんの言葉の中にあります。

「日本という国は、陛下のもとにみんなが共同体として生活していたのです」

戦国時代でさえ、共同体だったのです。

日本はもういちど、日本の心を取り戻すための勉強、つまり日本人としてのアイデンティティーを本気で取り戻すことを、しっかりと考えて行かなければならないのではないでしょうか。

12 安土桃山時代

秀吉の朝鮮出兵

世界史の視点から朝鮮出兵の真意を探る

最近の韓国で、豊臣秀吉はもっとも嫌われている日本人のうちの一人なのだそうです。文《ぶん》禄《ろく》・慶長《けいちょう》の役《えき》で朝鮮半島に攻め込んだというのが、その理由だそうです。

一方、この出兵に際し、日本と朝鮮半島の海峡で戦った李舜臣《りしゅんしん》は、まさにヒーローとされているそうです。彼らの言い分によると、李舜臣の活躍によって、日本は海上を封鎖され、朝鮮半島への補給路を断たれたために、半島からの撤退を余儀なくされたからなのだそうです。まあ、韓国人にとって歴史はファンタジーですから、そう「思い込みたい」気持ちも分からないでもありません。けれど、事実関係はまるで異なります。

李舜臣についていえば、なるほど朝鮮の海将として文禄元（一五九二）年八月二十九日に釜《ぷ》山《さん》港を占領していた日本軍に戦いを挑んでいますが、あえなく敗退しています。また、慶長三（一五九八）年十一月十八日の露梁海戦《ろりょうかいせん》ですが、これは、停戦協定が結ばれたあと半島から引

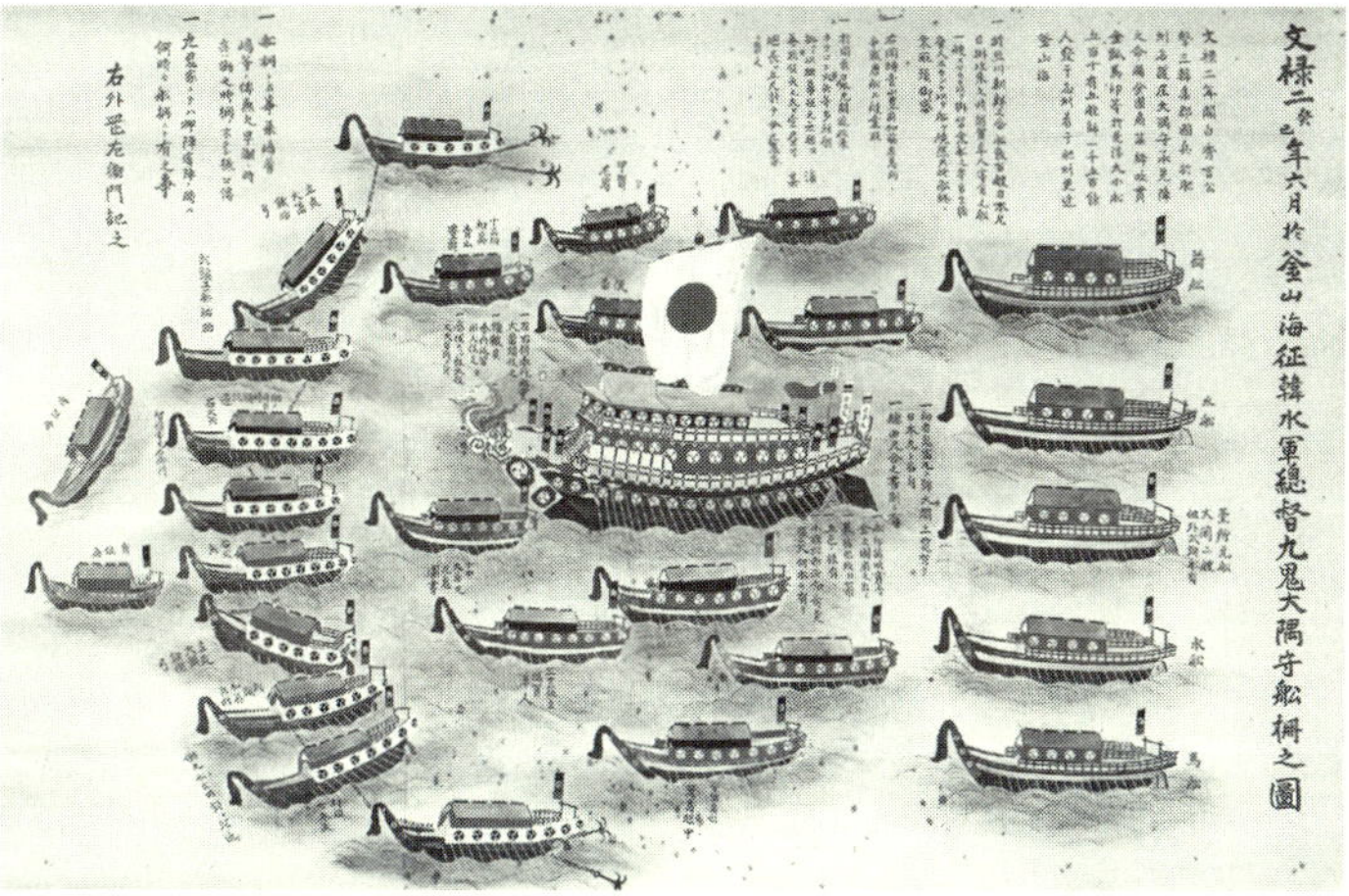

九鬼大隅守船柵之図　兵員輸送とその警固のため、朝鮮半島釜山港に入港した九鬼水軍の偉容。日本で初めて艦船に日の丸を掲げた。（大阪城天守閣蔵）

き揚《あ》げる途中の日本の軍船に追い打ちをかけた、卑劣《ひれつ》な戦いでした。しかも李舜臣は、この海戦で返り討ちにあって戦死しています。

李舜臣によって、海上補給路を断たれたという事実は、どこにもないのです。

そもそも、秀吉の朝鮮出兵については、誤解と偏見がまかりとおっています。

戦国時代や秀吉を描いた歴史小説においても、秀吉の朝鮮出兵が「なぜ行われたか」について、きちんと踏み込んで書いているものは大変少ないのが実情です。

おおかた秀吉の朝鮮出兵は、次のような理由によるものとされています。

・秀吉がもうろくしていたために起こした。
・秀吉の成長主義が引き起こした身勝手な戦いであった。
・戦いを好む戦国武士団を朝鮮、中国に追い払い、殺して数を減らすためだった。

いずれも、「木を見て森を見ず」です。

仮に秀吉がもうろくしていたとしても、当時の日本は、各藩がそれぞれ独立した国家を営んでいたのです。もうろくジジイの世迷《よま》い事で、大枚《たいまい》をはたいて朝鮮までノコノコ出ていくおバカな大名は、全国どこにもいません。

秀吉の成長主義が招いたという話にしても、信長から秀吉と続く体制は、農業重視というよりも流通指向がかなり強く、それぞれの大名は領地が増えなくても、商業による貨幣経済によってかなりの富が蓄積《ちくせき》できたわけです。金持ち喧嘩《けんか》せずという言葉がありますが、食うに困らない、生活に困らない豊かな生活を満喫できているのに、あえて戦争など、誰も好き好んで行うものではありません。

では、なぜ秀吉は朝鮮出兵を行い、世の大名たちも、これに追従したのでしょうか。

この問題を考えるには、日本国内だけに目を向けていては答えは出てきません。秀吉が朝鮮出兵をするに至った背景には、当時のアジア情勢という国際政治が大きく影響していたのです。そしてそういう国内外の事情を理解したからこそ、東北の大名たちまでもが、秀吉の朝鮮出兵に前向きに協力し、兵を出しているのです。

そもそも、二度にわたる秀吉の朝鮮出兵（文禄、慶長の役）というのは、十六世紀における東アジアでの最大の戦いです。文禄の役だけでも、日本は約十六万人の軍勢を朝鮮半島に送り込み、朝鮮と明国の連合軍は二十五万人の大軍でこれを迎え撃ちます。慶長の役では、日本は再び約十四万人を動員します。

天下分け目の関ヶ原の戦いにしても、東軍七万、西軍八万ですから、いかに朝鮮出兵の規模が大きかったかが分かります。

そしてこの時代、世界全体を見渡せば、世界中に植民地を獲得した「スペイン帝国」が、植民地からもたらされた莫大《ばくだい》な富によって覇権《はけん》を握《にぎ》っていました。太陽の沈まない国と形容され、まさに黄金の世紀を謳歌《おうか》していたのです。

そのスペインは、東アジア地域の戦略統合本郡である総督府を、ルソン（いまのフィリピン）に置いていました。そして、東アジア植民地の拡大を着々と進めていたのです。

遅れてしまった日本占領計画

スペイン人が日本に最初にやって来たのは、天文《てんぶん》十八（一五四九）年のことです。宣教師、フランシスコ・ザビエルの来日がそれです。当時の宣教師の仕事は、表向きはキリスト教の伝道ですが、本当の仕事は、将来その地を植民地とするために情報を収集することや、さまざまな懐柔《かいじゅう》工作です。

実際にキリスト教を伝道しながら、ありとあらゆる手段を使い、多くの人を改宗させます。そして、それらの人々を味方につけ、頃合いを見計らって軍隊を送り込み、抵抗する者を殺戮《さつりく》し、その地を植民地占領していくのです。

内乱に明け暮れていた戦国大名たちは、そんな宣教師の目的を知りません。最初は西洋からやって来た宣教師たちを、快く受け入れていました。

実際、ザビエルはあちこちの大名に招かれ、なかにはキリスト教の信者になった者もいました。宣教師たちの仕事は順調に進んでいるかに思われました。

ところが唯一、日本がほかの国々と違っていたのは、彼らが持ち込んだ鉄砲という武器を、日本人は瞬《また》く間にコピーし、それを量産してしまったことです。

気がつけば、なんと日本は、鉄砲保有数で世界一になってしまいました。その数、当時の世界の鉄砲数の半分にあたる約五十万丁《ちょう》。もっともこれは、最盛期の数ですが、鉄砲は戦国時代の日本に、ものすごい勢いで広がっていったのです。

これには宣教師たちも驚いた様子で、イエズス会のドン・ロドリゴ、フランシスコ会のフライ・ルイス・ソテロらが、スペイン国王に送った上書《じょうしょ》には、次のような記述があります。

スペイン国王陛下、陛下を日本の君主とすることは望ましいことですが、日本は住民が多く、城郭《じょうかく》も堅固で、軍隊の力による侵入は困難です。よって福音を宣伝する方策をもって、日本人が陛下に喜んで臣事《しんじ》するように仕向けるしかありません。

人口なら、日本より南米やインドのほうがはるかに数が多いわけで、城だって日本は平城《ひらしろ》が主流ですから、アジア、ヨーロッパの城塞《じょうさい》には敵《かな》いません。にもかかわらず、彼らが「日本は住民が多く、城郭も堅固で、軍隊の力による侵入は困難」と書いているのは、「鉄砲の数が圧倒的で、軍事力で日本には敵わない」とは、国王宛ての上書に書けないからです。

そして、「福音を宣伝する方策をもって、日本人が陛下に喜んで臣事するように仕向ける」

ように進言しているのです。
こうしてスペインは、日本での布教活動に注力していきます。

一方、あたりまえのことですが、スペインの狙いは日本だけではありません。お隣の明国《みん》も、スペインは植民地化を狙っています。こちらは鉄砲をコピーするような能力はなく、単に人海《じんかい》戦術《せんじゅつ》、つまり人の数が多いだけです。ただ国土は広く、その調略には手間がかかります。

ちなみに当時のスペインにとって、朝鮮半島は対象外です。朝鮮半島は、明国の支配下だったわけですから、明が落ちれば朝鮮半島は、自動的に手に入る。それだけのことです。

スペインは明国を攻略するにあたり、当時、世界最大の武力（火力）を持っていた日本に、一緒に明国を奪わないか、と持ちかけています。

ところが日本は、まるでそんなことに関心がありません。そもそも信長、秀吉と続く戦国の戦いは、日本国内の戦国の世をいかに終わらせ、国内に治安を回復するかにあったのです。

信長は、比叡山や本願寺まで攻めたため、まるで第六天の魔王であるかのように描かれることが多いですが、実際には、信長の戦いの目的は、「一日も早く戦乱の世を終わらせる」ことに尽きたのです。だからこそ、多くの人々が信長に従ったということが、最近になって発見された各種文書から、次第に明らかになってきています。

これは秀吉も同様です。しかも、農民の出だから農民の気持ちが分かるのです。戦乱によって農地が荒らされることを多くの民衆が嫌っていることを、ちゃんと分かっていたからこそ、秀吉は人気があったのです。

要するに、当時の信長、秀吉にとっては、日本国内統一と治安の回復こそが政治使命だったわけで、お隣の明国になどかかわっていられなかったのです。

朝鮮出兵は安全保障上の理由から

ところが、秀吉が日本を統一すると、次第に明国への対策が大きな政治課題となって浮上してきました。どういうことかというと、これにスペインが関係しているのです。

スペインが日本を攻めようとしても、遠路の航海を余儀なくされますから、世界の覇権《はけん》国とはいえ大軍を差し向けることは不可能です。仮にスペインが海を渡って攻めてきたとしても、数のうえからいえば少数であり、火力、武力ともに日本のほうが圧倒的に優位です。したがって、スペインとの直接対決ならば、日本が負ける心配はありません。

ところが、スペインが明国を植民地として支配下に収めると状況が変わってきます。スペインに支配された明国兵が、数の力にモノをいわせて日本に攻め込んできたら、日本は数多くの鉄砲を持っているとはいえ、これは大変なことになります。

まさに、元寇《げんこう》の再来。大きな脅威です。

この脅威を取り除くには、スペインよりも先に明国を日本の支配下に置くしかありません。火力、武力に優れた日本には、それは十分可能なことだし、万一明国まで攻め込むことができなかったとしても、地政学的に朝鮮半島を日本と明国の緩衝《かんしょう》地帯として置くことで、日本への侵入、侵略を防ぐことができるのです。

このことは、ロシアの南下政策を防ぐために、明治日本が行った政策と、当時の状況が酷似していることをあらわします。

さらにいえば秀吉は、すでにこの時点でスペインの誇る無敵艦隊がイギリスに敗れ、スペインが海軍力を大幅に低下させていることを知っています。ですから、スペインが海軍力で日本と戦端を交える可能性はまずありません。

一方、国内で秀吉は、長く続く戦乱の世を終わらせようと、全国で刀狩《かたなが》りを実施します。刀狩りそのものは、日本に太平の世を築くために必要なことであったわけですが、同時に庶民から武器を奪うことは日本の戦力を大きく削《そ》ぐことにもつながってしまうのです。もし日本が他《た》国侵逼《こくしんぴつ》の難にあったときは、大きな痛手となるでしょう。ならば、武力がまだ豊富なうちに余剰戦力を用いて朝鮮出兵を行い、朝鮮から明国までを日本の支配下に置いてしまうこと。これは我が国の安全保障上、必要なことであったわけです。

スペインに強硬な態度で臨んだ秀吉

こうして秀吉は、文禄の役（一五九二～一五九三年）、慶長の役（一五九七～一五九八年）と二度にわたる朝鮮出兵を行うのですが、同時に秀吉は、スペインとも果敢な政治的交渉を行っています。

何をしたかというと、スペインに対し、「臣下の礼をとれ」と迫ったのです。最初にこれを行ったのが、文禄の役に先立つ一年前、天正十八（一五九一）年九月のことです。

秀吉は東亜地域の拠点、ルソンにあるスペイン総督府に、原田孫七郎《まごしちろう》を派遣し、「スペイン総督府は、日本に入貢《にゅうこう》せよ」との国書を手渡します。世界を制する大帝国のスペインに対し、真正面から堂々と「入貢せよ」などとやったのは、おそらく、世界広しといえども、日本くらいなものです。まさに、気宇壮大《きうそうだい》というべきです。

対するスペイン総督府にしてみれば、これはきわめて腹立たしいことです。しかし、隣国であるイギリスの国力が増し、自国の防衛を優先させなければならない当時のスペインの現状にあっては、日本に対して報復的処置をとるだけの力はありません。悔しいけれど放置するしかありません。

すると秀吉は、その翌年に、朝鮮出兵を開始するのです。

驚いたのはスペイン総督府です。日本が明国を征すれば、その国力たるや東アジア最大となり、スペインにとって政治的、軍事的圧力となることは目に見えています。しかも、海を渡って朝鮮出兵をするということは、兵員を海上輸送する能力があるということですから、いつ、ルソン島に日本が攻めて来てもおかしくありません。

慌てたスペイン総督府は、当時ルソンに住んでいた日本人たちを、マニラ市内のディオラ地区に、集団で強制移住させています。これがマニラの日本人町の始まりです。

さらにスペイン総督府は、同年七月にドミニコ会士、フアン・コーボを日本に派遣し、秀吉に友好関係を樹立したいとする書信を届けています。このとき、膨大な贈り物も持参しています。いかにスペインが日本を脅威に感じたかということです。

けれど秀吉は、そんな贈り物くらいで騙《だま》されません。重ねてスペインの日本に対する入貢の催促の書簡を手渡します。

その内容がすさまじいです。「スペイン国王は、日本と友好関係を打ち立て、ルソンにあるスペイン総督府は、日本に臣下としての礼をとれ」というものです。そして、「それが嫌なら、日本はマニラに攻めこむぞ。このことをスペイン国王にちゃんと伝えろ」というのです。ところが秀吉の書簡を受け取ったファン・コーボは、帰路、遭難《そうなん》してしまいます。

本当に海難事故で遭難したのか、返書の内容が百パーセント、スペイン国王の怒りを買うことが分かって、故意に遭難したことにしたのかは、いまとなっては不明です。けれどおそらく、これは後者ではないかと私は見ています。

秀吉の世界戦略

さて、ファン・コーボの遭難のおかげで、秀吉の書簡はスペイン総督府には届かなかったわけですが、当然のことながら、スペイン総督府からの返書もありません。けれど、返書がないからと、放置するほど甘い秀吉ではありません。

秀吉は、十月には原田喜右衛門をマニラに派遣し、確実に書簡を総督府に届けさせたのです。

文禄二（一五九二）年四月、原田喜右衛門は、マニラに到着しました。そしてこのとき、たまた在マニラの中国人約二千人（明国から派遣された正規兵だったといわれています）が一斉蜂起《いっせいほうき》して、スペインの総督府を襲ったのです。

スペイン兵は応戦しますが、多勢に無勢《ぶぜい》です。これを見た原田喜右衛門は、手勢を率いてスペイン側に加勢し、瞬《また》く間に中国兵を殲滅《せんめつ》してしまいます。

日本強し。原田喜右衛門らの圧倒的な強さを目の当たりにしたスペインのゴメス総督は、日本の強さに恐怖します。

けれどゴメスは、スペイン大帝国から派遣されている総督です。世界を制する大帝国王に、日本に臣下としての礼をとらせるなど、とてもじゃないが報告できることではありません。ゴメスは困り果ててしまいます。

そして、翌文禄三（一五九四）年四月に、新たにフランシスコ会士のペドロ・バウティスタを特使に任命し、日本へ派遣します。要するに、特使の派遣を繰り返すことで、少しでも時間稼ぎをしようしたのです。

名護屋《なごや》（現、佐賀県唐津市）で秀吉と会見したペドロは、スペインがいまや世界を制する大帝国であること、日本とはあくまでも「対等な」関係を築きたいと申し述べます。

普通に考えれば、世界を制する大帝国のスペイン国王が、日本という東洋の小国と「対等な関係」というだけでも、ものすごい譲歩《じょうほ》です。けれど、秀吉は聞く耳を持ちません。ペドロに対し、重ねてスペイン国王の日本への服従と入貢を要請《ようせい》します。

なぜ秀吉は、ここまでスペインに対して強硬だったのでしょうか。理由があります。

第一に、国際関係において、対等な関係というものは存在しないのです。この時代における国際関係というのは、やるかやられるか、つまり上下の関係しかありません。

たとえ日本が小国であったとしても、大帝国のスペインに日本を攻めさせないためには、日本が圧倒的な強国であることを、思い知らせるしかなかったのです。

第二に、もし、秀吉が中途半端に「対等な関係」の構築を図ろうとするならば、スペインは当然のごとく平和特使と称して宣教師を日本に派遣します。そして宣教師たちは、日本の内部から切り崩し工作を行います。現に、世界のあらゆる国家が、その方法でスペインの植民地にされていたのです。

ですから、日本がスペインの驚異から逃れる道は、ただひとつ。あくまでスペインに対して、強硬な姿勢を崩さないこと。これしかなかったのです。

第三に、秀吉が目指したのは、あくまでも「戦《いくさ》のない世の中」であったということです。

武力で日本を統一したあとは、「刀狩り」を行い、内乱の芽をつんで太平の世を実現しようとしています。

けれど、刀狩りをして庶民から武器を奪うことは、一方において日本を弱化させることを意味します。ならば、日本国内に武器を持たない平和な国を実現するためには、国際的な武力衝突の危険を、日本からできる限り遠ざける必要があったのです。

スペインの戦略とサン・フェリペ号事件

名護屋における秀吉とペドロとの会見が物別れになると、スペインのゴメス総督は、日本への軟弱な外交姿勢を咎《とが》められ、スペイン国王によって更迭《こうてつ》されてしまいます。

そして後任の総督としてやって来たのが、ルイス・ダスマリニャスです。ルイスは、アウグスティン・ロドリゲスを使者として日本に派遣し、回答の引き延ばしを図るとともに、日本の戦力を冷静に分析します。そして、ゴメスの分析どおり、もし日本とスペインが東アジアで正面から衝突すれば、スペイン側に勝ち目がないことを知ります。

そこでルイスは秀吉との直接交渉は避け、一人また一人と、宣教師を日本に派遣するという戦略をとりました。つまり時間を稼ぎ、その間に当初の戦略どおり、日本に布教をしていこうとしたのです。

文禄三（一五九四）年には、ルイス総督の意向を受けて、ヘロニモ・デ・ヘスス以下のフランシスコ会修道士四人が日本に派遣され、日本での布教を再開しました。秀吉もこれは認めています。

ところが、慶長元（一五九六）年のことです。スペインの貨物船、サン・フェリペ号が、荷物を満載したまま遭難し、土佐の浦戸に漂着したのです。救助した船員たちを、秀吉の五奉《ごぶ》行《ぎょう》の一人である増田長盛《ましたながもり》が取り調べました。

そこで驚くべき事実が明らかになります。なんとサン・フェリペ号の水先案内人が、増田長盛に世界地図を見せ、次のような証言をしてしまったのです。

「スペイン国王はまず宣教師を派遣し、キリシタンが増えると次は軍隊を送り、信者に内応させてその伝道地の国土を征服するから、世界中にわたって領土を占領できたのだ」

その報告を受けた秀吉は、即座にキリシタン二十六名を逮捕しました。そして彼らを長崎に送り、「キリシタンを続けたいなら外国へ出て行け。日本に残りたいなら改宗しろ」と迫りました。

迷う二十六名に対し、長崎のイエズス会は、この二十六名の死罪を長崎奉行に申し出ます。イエズス会の腹はこうです。二十六名の信者をイエスの十字架になぞらえて見せ物にし、間違いなく天国に行くことができたと宣伝する。こうすることで、キリスト教徒としての栄光に輝く姿を印象づけ、信仰による団結心をたかめる。

まあ、このあたりの話は、本題からかなりそれるので、次の機会に詳しく書くことにします。

民族の気宇《きう》と誇り

要するに秀吉の朝鮮出兵は、統一国家をやっと形成した日本が、スペインによる東洋の支配から国を守るために下した決断であった、ということです。

このことは、単に日本や朝鮮の国内事情だけを見ていてもまったく分かりません。当時の世界情勢、東アジア諸国の情勢を視野に入れなければ、秀吉がなぜ朝鮮出兵を決意したのか、そして多くの大名たちが、なぜその秀吉に従い兵を出し、勇猛《ゆうもう》果敢《かかん》に他国に出て戦ったのかが理解できません。

もっというなら、日本が明治という統一国家を形成してから朝鮮半島を領有するまでの動きと、秀吉の朝鮮出兵当時の世界の動きは、スペインがロシアに変わったほかはきわめて似ています。同じことが歴史上、繰り返されたということなのです。

もし、秀吉が朝鮮出兵を行わず、日本の国力をスペインに見せつけなければ、どうなっていたことでしょう。明国がスペインの植民地になっていた可能性は非常に高いのです。当然のことながら、朝鮮半島も、スペインの支配地となったことでしょう。

そしてスペインの植民地となることは、どういう意味を持つのか。そのことは、いまの南米諸国が、見事に教えてくれています。

現在、南米に南米人の純粋種は存在しません。白人との混血種だけです。

アルゼンチンやウルグアイでは、先住民族がほぼ完璧に抹殺《まっさつ》されてしまいました。いまこの地域に住んでいるのは、ほぼ白人種です。

ブラジル、エクアドル、ペルー、ボリビアは、全員が先住民族と白人との混血です。純血種はいません。

日本も中国も朝鮮も、それぞれに純血種を保ちながら、いまに至っています。南米のようなことにならなかったのは、秀吉と配下の戦国武将たちが、スペインと真っ向から戦う姿勢を示したためです。

ちなみに、秀吉の死去にともなって、日本は朝鮮半島から撤収し、慶長の役は終わりました。だから、朝鮮出兵は秀吉の気まぐれで起きた戦争だというのは、大きな間違いです。半島に出兵した武将たちは、自ら進んで真剣に戦ったのです。

私たちは、スペインという世界最強の大帝国に対し、一歩も退かず、むしろ臣従せよと迫った秀吉の壮大な気宇《きう》と誇りを、いまこそ見習うべきときにきているのではないでしょうか。

貧農史観というデタラメ

農民の年貢はかなり優遇されていた

ねずブロで、「悪代官はまじめ人間だった」というお話を紹介したことがあります。年貢米《ねんぐまい》を「規定どおりに」取り立てる代官が、いわゆる「悪代官」と呼ばれた人で、善《よ》い代官というのは、「お目こぼし」をして、規定以下の年貢しか取り立てない代官だったというお話です。

江戸時代の農民は、「六公四民」とか「五公五民」という過酷《かこく》な年貢の取り立てを受けていて、相次ぐ自然災害と凶作、飢饉《ききん》で苦しんでいた、とよく言われます。

教科書などでは、そのために農民は、むしろ旗を押し立てて一揆《いっき》や打ちこわしをしていたと書いてあります。

こうした記述によって多くの人は、江戸時代の農民は常に貧困にあえいでいた、というような印象を持っているようです。

しかし、よくよく考えてみると、これはおかしな話です。

江戸時代の農民の人口は全人口の八割でした。武家が一割、残りが商人と職人です（士農工商）。農民の収穫の六割もの年貢を武士が搾取《さくしゅ》していたとするなら、人口の九割は、その残りの四割のお米だけで生活し、生きていたことになります。

ということは、武士たちは取りすぎたお米を外国に輸出でもしていたのでしょうか。違いますよね。江戸時代は鎖国《さこく》の時代です。食料生産高の分しか人口を養うことはできません。ですから鎖国をしている国は「食料自給高＝人口」です。たった一割の武士が、六割の米を食べていたことになります。

こんなことはあり得ません。人間の胃袋の大きさなんて、武士も農民もみんな同じです。しかも、江戸時代の武士は、大名も一般の武士もみんな借金まみれでした。いったいどうなっているのでしょうか。本当に、当時の農民は貧困だったのでしょうか。

なるほど農業は自然を相手にしますから、凶作が続けば食糧難にもみまわれます。代表的なものが、享保《きょうほう》、天明《てんめい》、天保《てんぽう》の三大飢饉です。このときは、一揆や打ちこわしがあったのは事実です。

いまでも台風などの天災により、農業生産物が大損害を被《こうむ》るときがあります。そういうときのために、平素から米を備蓄するのですが、それにしても毎年六割もの米では余りすぎです。

年貢の計算のもとになるのは、言うまでもなく「検地《けんち》」です。検地帳には、耕地の広さはもちろん、土地の質、陽当たりの善し悪しなどまで克明《こくめい》に記録され、一定区画の土地からどれだけの収穫が見込めるかが算出されています。

その検地帳に基づいて年貢（税）が取り立てられます。当然、検地は定期的に行われていたと思いきや、なんと江戸二百七十年間で、平均すると、一つの村につき二回しか検地が行われていないのです。しかも幕府直轄地《ちょっかつち》などは、豊臣秀吉の「太閤検地《たいこうけんち》」以降、検地は行われていません。これがどういうことかというと、今でいうなら、「会計監査」が二百七十年間、まったく行われなかったということなのです。

さらにいうと、新田開発すれば、その時点で検地が行われることになっていましたが、実際には課税されない場所も多かったのです。

平和だった江戸時代、農業技術は大幅な進歩を遂《と》げました。江戸中期以降の一ヘクタールあたりの米の収穫量は、現在とほとんど変わりがないところまで進歩しています。

それだけでなく、養蚕《ようさん》や、小麦、大豆、大根などのほかの生産物の収穫高も増加しました。ところが、年貢取り立ての基準になる「検地」は太閤検地のときのまま、そして納める年貢の量も当時のままだったのです。これは、いまでいったら、出世して初任給の何倍もの年収を稼ぐようになっても納税額は初任給のときと同じ、というようなものです。

つまり江戸時代は、とんでもない格安税だったのです。

まじめな代官は、これではいかんと検地を実施しようとします。すると農民は既得権《きとくけん》を侵害されることになるから力一杯抵抗します。そしてまじめな代官は、「悪代官」と呼ばれてそしられます。

代官といっても、現地に派遣された官僚です。民から不評が出ると、更迭《こうてつ》の対象となります。下手をすれば、切腹のうえ、お家お取り潰《つぶ》しです。おかげで、農民は昔々の税額のまま、年貢を納めることができました。

小作人と水呑《みずのみ》百姓《びゃくしょう》は非課税

そしてもうひとつ大事なことは、年貢は「土地にかかる税」であって、人にかかる税ではないということです。どういうことかというと、年貢を払うのは、自分の土地を持って農業を営んでいる「自作農」以上の農民だったのです。

地主から土地を借りて耕作している小作人は、地主に小作料を納めるだけでよく、彼らに年貢を納める義務はありません。

その小作人というのは、今でいったら歩合制の従業員です。自作農は、小作人に土地を貸している地主、つまり経営者です。

そして実際には、江戸時代の農民一揆や打ちこわしは、領主や代官と農民の間の紛争ではなく、地主と小作人との間に持ち上がっていた場合のほうが多いのです。これはいまで言ったら、企業内のストライキのようなものです。

さらに水呑百姓《みずのみびゃくしょう》というのは、実質的には地主に雇われて耕作をする季節労働者です。これを教科書などでは最下層の貧民のように扱っていますが、ところがどっこい、水呑百姓には相当裕福な者もいました。実は水呑百姓というのは、今でいったらパートさんです。別に本業を持って、アルバイトとして農作業を手伝っていた人たちです。

要するに、ただ自分の土地を持っていないため江戸期の制度では水呑百姓に分類されているだけで、実情は、商工業者や武家の次男坊や三男坊が農家の手伝いをし、給金を稼《かせ》いでいたのです。

当然、水呑百姓も年貢を納める義務はありません。いまふうにいえば、アルバイト・パート収入は非課税みたいなものです。

豊かだった農民の生活

このため江戸期の農村は、世界標準からみても相当豊かであったといえます。決して贅沢《ぜいたく》な暮らしはできませんし、しませんが、その経済的余力は教育へと向かい、農民出身の学者もたくさん出現していますし、武芸に秀でる者もたくさんいました。

それだけ、経済的に余裕があったということです。いまだって親に稼ぎがなければ、子を優秀な塾に通わすこともできません。新撰組《しんせんぐみ》の近藤勇《こんどういさみ》も土方歳三《ひじかたとしぞう》も農民の出ですが、武家以上に剣術に励めるだけの環境、つまり経済力があったのです。

もちろん、現代に比べて豊かであったかどうかは別問題です。凶作が続けば餓死《がし》者も出るし、いまでは病院へ行けば簡単に治る病気で命を落とすことだってたくさんありました。しかし、江戸初期には「むしろ」を入り口にしていた農家も、江戸中期にはちゃんとした扉ができ、多くの農家が家内で養蚕《ようさん》ができるほどの大きな家を建てられるようになりました。

おかげで、農村にも和算《わさん》（日本の数学）をはじめ、読み書きソロバンといった基礎教育が普及したのです。

農民の手によって農業の専門書も書かれていますし、自ら農業を行うかたわら、各地の農業指導を行う者もいました。農業の専門書を買うにしても、勉強するにしても、生活にある程度の余裕がないと、こうしたことはできません。

全国的に極貧どころか、相当に文化的な生活を送る農民が多かったというのが史実です。明治初期、日本人の識字率が世界各国に比べて極端に高いことをみても、いかに江戸期の基礎教育が日本全国津々浦々《つつうらうら》まで行き渡っていたかが分かるというものです。

六公四民、五公五民、四公六民などなど、いかにも厳しい税率だったようにいわれる江戸時代ですが、最近の研究では、どうやら、当時の実際の税率はおおむね一〇％程度であることが分かってきました。

ですから国富の九割を農民が、残りの一割を、武家が受け取り、商人は農業生産物の流通で儲《もう》け、職人はそれぞれの階層の利益の一部から所得を得ていたことになり、鎖国経済の日本の姿が、自然と納得できるものとなります。

日本の歴史を学ぶ大切さ

「百姓は生かさず殺さず」とか、「百姓とゴマの油は絞《しぼ》れば絞るほどよく取れる」などという言葉だけが独り歩きし、江戸期の農民が極度に困窮していたようなイメージ、印象操作がされています。武士は支配者で威張《いば》っていた、農民から搾取《さくしゅ》していたと考えるのは、あまりにも浅はかです。

日本は、支配と隷属《れいぞく》という大陸風の社会ではありません。

日本はすべての民が、上も下も人として対等であり、上下の区別は役割の違いとされてきた国です。あいつは勉強では一番だけれど、駆《か》けっこだったら俺が一番だ。これが対等意識です。ですから対等は、互いの違いをきちんと認識しています。認識した上で、それぞれが自分に必要な実力を身につけようと努力します。

日本は建国以来二千七百年という、世界でもっとも古くて長い歴史を持つ国です。そしていろんな失敗もあったけれど、一貫して、民の幸福は国の幸福という価値観を貫いてきた国でもあります。

失敗ばかりに目を向け、歴史をただ否定しているだけでは、そこからは何も生まれないのではないでしょうか。

そうではなく、冷静にそして客観的に学ぼうという姿勢に変わったとき、古来、日本人は豊かで平和な国づくりをみんなで協力し合いながら続けてきたという事実や、それが日本民族の精神であること、温かく美しい物語がたくさん生まれ受け継《つ》がれてきたことを、日本の歴史は私たちに語り始めてくれる、そんな気がします。

14 明治時代

明治維新と南北戦争との深いつながり

太平洋をはさんだ戦いの始まり

旧暦の安政《あんせい》四年五月二十六日（新暦一八五七年六月十七日）、下田奉行井上清直《いのうえきよなお》、中村時万《なかむらときつむ》とアメリカ総領事タウンゼント・ハリスとの間で、日米和親条約を「補修」する九カ条からなる「下田協約」が締結《ていけつ》されました。

嘉永七（一八五四）年三月三日に、日米和親条約を締結したばかりなのに、たった三年で、もう「補修」です。なにやら早すぎると思いませんか？

実は、この下田協約こそが、黒船以上の幕末動乱の引き金であり、また海を越えたアメリカの南北戦争にも影響を与えた、とんでもない条約だったというお話です。

明治維新とは、一般には嘉永《かえい》六（一八五三）年の黒船来航から始まって、慶応三（一八六七）年の王政復古の大号令、慶応四（一八六八）年にはじまる戊辰戦争《ぼしんせんそう》を経て、明治政府の誕生までの一連の統一国家形成の過程を指します。

実はアメリカの南北戦争も、明治維新と同じ時期の出来事で、文久《ぶんきゅう》元（一八六一）年から慶応元（一八六五）年にかけて起きています。

南北戦争というのは、大変な戦いでした。兵力だけでも、北軍二百二十万、南軍百万の大激突ですし、死傷者は両軍合わせて百二十万人を超えます。大東亜《だいとうあ》戦争《せんそう》（太平洋戦争）でのアメリカ軍の死者は三十五万人ですから、南北戦争がアメリカにとってどれだけ大きな戦禍《せんか》だったか分かろうというものです。

ちなみに日本では、南北戦争という呼び方をしますが、正式な英語名は「American Civil War」、直訳すれば米国市民戦争です。そしてこの米国市民戦争（南北戦争）は、アメリカ国内における「内戦」のように思われていますが、実際は違います。

南北戦争時、南部十一州は、「アメリカ合衆国」から離脱し、独立した「アメリカ連合国」を形成しました。つまり南北戦争は、国際紛争だったのです。

なんとなく起きてしまった南北戦争

一八六一年二月から四月にかけて、南部十一州がアメリカ合衆国から離脱し、その四月に、南軍がサウスカロライナ州にある「サムター要塞《ようさい》」を砲撃しました。南北戦争の始まりです。

この時点では、まだ南部十一州の大統領も、国名も決まっていません。ただ各州が離脱した、というだけの状態で、いきなり戦端が開かれています。

ですからこの時点では、北軍も南軍も、戦争の準備さえできていません。

この時点で北軍の陸軍は、総数でわずか一万六千人です。武器も旧式の装備しかありませんでした。海軍も軍船がわずか四十二隻、兵員数はたったの七千六百人でした。

南軍にいたっては、まだ正規軍すらできていません。


もっというと、開戦目的も実に曖昧《あいまい》です。

南軍には、南部諸州の産業を維持し、綿花の自由貿易を推進し、侵攻してくる北軍に対して自分たちの郷土を守る、というある程度明確な戦争目的があります。

ところが北軍は、なるほどリンカーンは奴隷《どれい》の解放をうたっていますが、それ自体は国内制度をいかに構築するかの問題であって、南部諸州で働く黒人たちのために若い白人が命を捧げるほどの人種平等主義を、当時のアメリカが掲げていたわけではありません。

このような状態だったにもかかわらず、気がついたら両軍合わせて百二十万人もの死傷者を出したというのですから、すさまじい話です。もちろん、宣戦布告もありません。

もっとも、世界の戦史を眺《なが》めてみると、堂々と宣戦布告を行ってから戦争を始めるというのは、実は日本くらいなものです。

日本には武士道の心得がありますから、「礼にはじまる」のが常識です。若いオニイサンたちがケンカをする場合でも、最初に出る言葉は「オイ、表に出ろ！」で、これもいわば宣戦布告の一種かもしれません。

けれど世界では、まず宣戦布告などありません。気がついたら戦争になっている、というより、いきなりズドンとやったほうが有利です。

いかに卑劣で卑怯《ひきょう》なものであれ、まさに勝てば官軍で、いかなる不正も正当化されます。そういう力の論理が、実は世界の歴史でもあります。

日本は大東亜戦争での真珠湾奇襲について、宣戦布告前の卑怯な戦法だったと、さんざん言われていますが、宣戦布告文を攻撃前に届けようとしたことは確かなのです。

これから戦争をする相手に、ちゃんと宣戦布告しようとしていたのに、それが遅れたことを責められると、申し訳ない気持ちになってしまうのです。私たちが礼儀を重んじる日本人で、物事のケジメをきちんとしなければ気がすまない民族だから、そういう気持ちになるだけのことで、世界中にそんな国は日本以外にありません。

世界の歴史では、むしろ宣戦布告などないのが「あたりまえ」であることは、世界の常識として、日本人が覚えておかなければならないことだと思います。

豊かな南部と未発達だった北部

いきなり始まった南北戦争ですが、そもそもどうして南部十一州は、アメリカ合衆国から脱退し、アメリカ連合国を組成したのでしょうか。その経緯を見ていきましょう。

アメリカ連合国（正式名称 Confederate States of America）十一州というのは、ミシシッピ州、サウスカロライナ州、フロリダ州、アラバマ州、ジョージア州、ルイジアナ州、テキサス州、バージニア州、アーカンソー州、テネシー州、ノースカロライナ州です。

そして、これら十一州の主たる産業は綿花《めんか》の栽培《さいばい》でした。まだ石油の時代ではありません。つまり化繊《かせん》が登場する前ですから、人々の衣類はもっぱら綿が中心です。綿花はイギリスに輸出されました。

産業革命以後のイギリスは、繊維製品加工業が大発展しました。彼らはアメリカ南部諸州から綿花を輸入し、これを機械で糸にし、布や衣類に加工し、出来上がった製品をイギリス製生地《きじ》として世界中に輸出していました。

当時のイギリスは、まさに七つの海にまたがる大帝国です。繊維《せんい》製品を売るにしても、大英帝国製というブランド力がモノをいいます。イギリス製の生地や仕立物は、まさに世界中でひっぱりだこになりました。

おかげでいまでも、イギリス製生地といえば高級生地だし、イギリス人のいわば民族衣装だった背広は、いまや世界のビジネスマンの制服になっています。

図式化すると、次のような流れができていたのです。

①アメリカ南部の広大な土地で綿花を栽培する。
②集荷した綿花をイギリスに運ぶ。
③イギリスでこれを生地にする。
④その生地が世界中で売れる。

この時期、アメリカの南部諸州では、綿花を作れば飛ぶように売れました。作ったら作った分だけ、面白いように売れたのです。

そうなれば、当然、農場は広大になり、格安労働力として黒人奴隷が使われ、綿花の輸出で大儲けした各農家は、豪華な宮殿のような屋敷を作って住むようになりました。

映画『風とともに去りぬ』に出てくる主人公、スカーレット・オハラが住む屋敷は、まるで王宮のようですが、これが普通の農家のお宅だったわけです。


一方、北部諸州はどうかというと、気象条件の違いで綿花の栽培はできません。そこで北部諸州は、むしろ綿花を加工する工業化を促進しました。つまりイギリスが大儲けしている繊維産業を、自国で展開しようとしたわけです。

ところが、これがうまくいかない。「大英帝国」というブランド力がないからです。

しかし、せっかく南部で豊富な綿花が栽培されているのです。北部にある合衆国政府は、国内産業育成という名目で、綿花の輸出を制限し、国内の繊維産業を活性化しようとしました。

つまり、保護貿易です。

ところが、これをやられると南部諸州の農場主たちは困ります。南部の農場主の生活は、綿花を作ってイギリスに輸出することで、そのすべてが支えられていたのです。イギリスとの自由貿易禁止は死活問題です。

当然、南部の農場主たちは怒りました。農場主たちに支えられた南部諸州の政治家も保護貿易に断固反対します。

奴隷制度撤廃《てっぱい》は白人労働者の利益のため

そういう軋轢《あつれき》があるところに大統領に就任したのが、エイブラハム・リンカーンです。一八六〇年のことでした。

リンカーンの主張は奴隷制度の撤廃《てっぱい》です。ちなみに、よく誤解をする人がいるのですが、リンカーンは奴隷という人身売買制度の撤廃を主張したのであって、人種の平等を提唱したのではありません。このことは当時の背景を考えるとよく分かります。

当時の北部諸州には、捕鯨以外に産業らしい産業がありません。デトロイトに自動車産業が出現するのは、これよりもずっとあとのことです。

昔はクジラの油から、ロウソクのロウを取っていました。そのため西洋では十七世紀から捕《ほ》鯨《げい》が盛んになり、大西洋のクジラの数が激減しています。そして今度は、クジラを求めて太平洋に出て行こうとしていたのです。

では、北部諸州は捕鯨で食ってたのかというと、そうではありません。欧州から次々とやって来る移民たちが持ってくるお金で、国の経済を回していたのです。つまり、移民たちの豊富な持参金が外貨の役割を果たしていたということです。

移民によって外国から持ち込まれたお金で、ようやく国内産業が賄《まかな》われているという危うい経済基盤のうえ、製造業はまだまだ未発達で、新しい移民どころか先代からアメリカに住んでいる移民たちの働く場所さえ十分にない、そういう状況に、北部諸州はあったわけです。

ところが南部では、黒人奴隷たちを使うことで、大金持ちが続出しています。それだけならよいのだけれど、黒人奴隷がさまざまな事情で南部からあふれ、北部諸州に流れてきます。

実は、これが大問題だったのです。

白人の労働者も黒人奴隷も、労働者という点では同じですが、大きく違う点があります。それは、白人労働者は雇用者であり、黒人奴隷は所有財産だったという点です。

法的に奴隷は人ではありません。モノ（動産）です。

愛犬や愛猫を殺されても、法的にはモノを壊されたのと同じだという話を聞いて、釈然《しゃくぜん》としない気持ちを味わう方は多いかと思いますが、それが動産です。

動産は所有者のものです。捨てようが壊そうが、殺そうが怪我をさせようが、それは所有者の意思ひとつです。つまり所有者には、所有した奴隷に対する生殺与奪《せいさつよだつ》の権利が認められていたのです。

働かせる側からすると、これほど便利な存在はありません。南部の農場主たちにとっては、これはとってもありがたいことです。

ところが、製造業が未確立で、ただでさえ労働者市場が少ない北部諸州に、労働力として黒人奴隷が入り込むと、白人労働者の市場がなくなってしまいます。

要するに北部諸州では、経営者にとって黒人奴隷はありがたい存在でしたが、白人労働者たちにとって黒人奴隷の流入は、自分たちの職場が奪われる深刻な問題だったのです。

リンカーンはこうした有権者たちの意向を汲《く》み取り、奴隷という制度そのものの撤廃をうたって大統領に就任しました。要するにそれは、「北部の白人労働者の職場を守れ！」という主張であったわけです。あくまで守るべき主体は、白人労働者の雇用の安定であって、黒人たちの人権ではありません。

ですからリンカーンは、奴隷解放、つまり奴隷制度の撤廃はしていますが、解放したはずの黒人たちに人権は与えていません。つまり人種差別は継続しています。

アメリカが、黒人を人間として扱うようになったのは――つまり黒人たちにアメリカ国民として白人同等の権利を与えたのは、昭和三十七（一九六二）年のことで、リンカーンの死後九十七年もたってからのことです。

急に豊かになった北軍

リンカーンが大人気となり、奴隷制度を廃止なんて言いだすと、困るのは南部諸州です。格安の黒人奴隷を労働力として使っているから、綿花栽培が儲かるのです。

黒人を奴隷ではなく、労働者として賃金を払って雇うようになれば、南部諸州の綿花は値上がりして競争力を失います。そうなれば、アジア、アフリカの綿花が主流となり、南部諸州は破産です。南部の経済は壊滅してしまうのです。

それならアメリカ合衆国から、州ごと離脱しようということになりました。

それまでは、南部十一州が、アメリカ経済の牽引役《けんいんやく》でした。南部の儲けがあったから、アメリカ経済はかろうじて成り立っていたのです。南部が独立すれば、アメリカは経済は立ちゆかず破産するしかなくなります。

もっというなら、北部諸州はお金がありませんから、南部の独立を阻止《そし》するための軍備を整えることもできなければ、十分な兵力も持てません。それが分かっているから、南部十一州は堂々とアメリカ合衆国から離脱したわけです。

実際に離脱してみると、アメリカ合衆国（北軍）はなんの抵抗もできません。唯一、サウスカロライナ州にある「サムター要塞」が小規模な抵抗をしてきたため、南軍は堂々とこれを砲撃し、粉砕《ふんさい》しました。

本来なら戦いは、この程度で済んだはずだったのです。

ところが北軍は、わずかの間に二百二十万もの兵力を整えたばかりか、全員に最新式の装備を与え、大軍を南部諸州にまで進軍させました。

お金がなくて大した軍隊も持てなかったはずの北軍が、驚くような変身を遂《と》げたのです。開戦当時の北軍の兵力は、陸海あわせてもわずか二万四千でしたから、短期間でほぼ百倍の兵力増ということになります。

さらにいうと、南北戦争が終わったあと北軍は、南軍が外国から調達した莫大な戦費を、全額代払いしました。さらにその直後には、なんとあの広大なアラスカを、ロシアからキャッシュで買い取っています。

いったいどっからそんなお金が湧いて出てきたのでしょうか。

実はそこに、日本が関係しています。


人類が誕生してから、現在に至るまでに世界で算出した金（Gold）の量は、オリンピックプールに換算すると約三杯分になるのだそうです。そのうち、なんとまるまる一杯分が、実は日本産なのです。マルコポーロは日本を指して「黄金の国ジパング」と呼びましたが、かつての日本は、まさに「黄金の国」そのものだったのです。

江戸時代の日本では、庶民が財布に一万円札の代わりに黄金でできた小判を入れていました。金毘羅詣《こんぴらもうで》のような一般庶民の旅でも、旅に出るときは、肌着《はだぎ》の衿《えり》に、小判一両を縫《ぬ》い込んでおくのが習慣でした。旅の途中で万一倒れたとき、近隣の人に面倒をみてもらうためのお金です。

そこらを歩いているみんなの財布の中に、黄金の金貨が何枚か入っているわけです。それが日本全体になったら、どれだけの金が流通していたかを想像すれば、日本が確かに黄金の国だったということが分かろうというものです。

すこし余計なことを書きます。

金がたくさんあったことで、江戸の昔から歯の治療といえば金歯が主流でした。私の祖父の世代くらいまでは、ニヤリと笑うと、総金歯がごく普通だったのです。

こうした金歯は明治時代くらいまでは、歯医者さんの仕事ではなくて、入れ歯師という専業の職人の仕事でした。

ちなみに日本では、獅子舞《ししまい》の獅子も総金歯です。百獣の王ライオンを総金歯にしておめでたいと喜んでいるのは、おそらく世界広しといえども日本くらいなものだと思います。

まさに日本は、掛け値なし、ほんものの「黄金の国」だったわけです。

日本から金《きん》を奪え

その日本に、嘉永六（一八五三）年、アメリカから黒船がやって来ました。南北戦争の八年前です。鎖国をしていた日本は、とりあえず提督ペリーを上手に追い払い、まる一年、問題を先送りしました。

アメリカが日本に来た目的は、大きく二つあります。

ひとつは、捕鯨のための立寄港の確保です。もし、開港要求だけなら、大砲をぶっ放して強引に要求を通せばよかったのです。

そして、もうひとつの目的は、イギリスにならぶ繊維製品の販売市場の確保です。ところが日本の市場を調べてみると、日本人は綿だけでなく、絹も自国で生産しています。しかも紡がれる織物は、まさに工芸品です。極めて品質が良く、アメリカ製品は適いません。これではアメリカは商売になりません。

アメリカ側が困っているところに、本国からタウンゼント・ハリスがやって来ました。ハリスはリンカーンの部下です。彼は日本の国内事情を調べました。そして分かったことは、日本では金《きん》がめちゃくちゃ安いということです。

当時、世界の相場は、メキシコ銀貨四枚で、金貨一枚と交換です。ところが日本では、メキシコ銀貨一枚と、一分銀四枚が等価で、一分銀四枚と慶長小判一枚が等価です。つまりメキシコ銀貨一枚を日本に持って行くと、慶長小判一枚と交換してもらえます。その慶長小判一枚を香港に持ち込むと、メキシコ銀貨四枚と交換してくれるのです。

香港と日本を一回往復するだけで、手持ちのお金が四倍に増えるのです。

これを知ったハリスは大喜びします。

タウンゼント・ハリス　アメリカ合衆国初代駐日大使。日本滞在は５年９カ月間。

で、彼が何をしたかというと、安政四（一九五八）年に来日して間もなく、幕府と貨幣の交換比率について交渉を行いました。そしてハリスは主張を押し通し、安政五（一九五七）年五月、下田協約を結びます。

この結果ハリスは、香港と日本を往復するだけで、巨万の富を手に入れました。

当時、小判入手を目的とするメキシコ銀貨の一分銀への両替要求は、一日になんと一万六千枚にも上ったそうです。一日です。

おかげで、国内に流通すべき一分銀は巷《ちまた》から消えてしまうし、日本の小判も国外に流出して、巷から消えてなくなってしまいました。

いまの世の中から、こつ然と一万円札がなくなったという姿を想像してみてください。銀行に行ってお金を下ろそうとすると、「一万円札がないので、全部百円玉でいいですか？」と窓口の女性に聞かれたら、普通は誰だって驚くと思います。

当然、日本国内では大変な混乱がおきました。両替する小判が国外に流出してしまって、もう手元にありませんというと、ハリスは、「金が足らなくて小判ができないなら、小判の中の金の含有量を減らしてでも小判を発行せよ」と、ものすごい剣幕《けんまく》で幕府に迫りました。

圧力に屈した幕府は、見た目が同じで含有金量が慶長小判の約八分の一しかない小判を鋳造《ちゅうぞう》しました。これが万延小判《まんえんこばん》です。万延元（一八六〇）年の出来事です。ちょうど南北戦争が起きる一年前のことです。

ハリスはリンカーンの部下だと書きました。つまり、彼はアメリカ政府の人間ですから、儲けたカネは基本的にすべてアメリカ政府の収入です。もちろん個人としても、それなりに儲けたと思います。

アメリカは、こうして世界の富の三分の一の金（Gold）を手に入れました。

そしてそのカネで二百万の北軍を編成し、最新式兵装を整え、南北戦争を戦い、さらに南軍の借金を立て替え払いし、そしてアラスカまで現金で購入したのです。

世界は腹黒い

もうひとついうと、南北戦争では大量の銃器や大砲が使われましたが、戦争が終わればそれらは無用の長物《ちょうぶつ》です。南北戦争の終結は一八六五年で、これは日本でいったら慶応元年です。

そしてアメリカがどうしたかというと、この中古品の銃器、弾薬、大砲を、日本に売りつけました。この結果起きたのが、慶応四年に始まった戊辰《ぼしん》戦争です。

ただし、このときアメリカは、直接日本に武器を売ることをしませんでした。アメリカはいったん、フランスとイギリスに中古の銃器を卸《おろ》し、フランスとイギリスがそれぞれ薩長《さっちょう》と幕府の双方に武器を売ったのです。

つまり、官軍も幕軍も、出所の同じ武器で戦ったわけです。南北戦争の中古品で、日本人同士が撃ち合ったのです。中古品とはいえ、新式銃や新型大砲ですから、それまでの日本にはなかったものばかりです。新型の武器ということは、それだけ殺傷能力が高いということです。

日本からみると、アメリカに金貨をだまし取られて国内の金貨が空っぽになり、青息吐息の状態で、さらにアメリカから中古武器を買って戊辰戦争をして、国内で殺し合いまでさせられているわけです。

そもそも戊辰戦争は起こす必要のない内戦です。なぜなら幕府はすでに大政奉還《たいせいほうかん》しているのです。大政奉還したということは、すでに政権交替した、ということです。

政権交替は済んだのですから、あえて内戦までする必要も理由も、本来ならありません。戦いは武士たちの専売特許で、庶民たちには火の粉がかからないというのが、我が国の歴史であったにもかかわらず、なんと戊辰戦争では、その庶民が武器を手にして戦うという、我が国の歴史では類例のない前代未聞の出来事が起こってしまいました。

これが戊辰戦争だったのです。この戦闘でどれだけ多くの庶民が犠牲になったか。

締結したばかりの日米和親条約を、わずかの間に「補修」する。この早すぎる「補修協約」は、おそらくはハリスが来日してから交渉開始までの七十八日間のどこかで、金と銀の交換相場に気がついた、ということであったのだろうと思います。

その結果、このカラクリに気付かなかった日本は文字どおり「大金」を失い、気付いたアメリカは、儲けたけれど本国で百二十万人の人々が犠牲となります。

そして日本は、戊辰戦争で八千四百二十名（新政府軍三千五百五十名、幕軍四千六百九十名、他）の尊い命を失いました。

まさに、世界は「腹黒い」。

だからこそ私たちは、しっかりと歴史を学び、しっかりとした国家観を持ち、しっかりとした海外事情を把握していかなければならないのです。そうでなければ、ご先祖様にも未来を担《にな》う子供たちにも申し訳が立ちません。

とかく大東亜戦争ばかりが失政のように言われますが、私から見たら、幕末から平成にかけての最大の失政は、下田協約であったろうと思います。

たった一人の責任者が、早すぎる「補修」ということに何の疑いも持たず、大事なことを見落とした。

たったそれだけのことで、膨大な数の人命が失われているのです。

日本は、いろいろ反省しろとか諸外国からやかましいことを言われていますが、本当に反省しなければならないことは、こういうことなのではないかと思います。

15 大正時代

飛行機の発明と飛行神社

日本人による世界初の動力飛行機

ライト兄弟が人類初の有人飛行を実現したのは、明治三十六（一九〇三）年十二月十七日のこと。十二馬力のエンジンを搭《とう》載《さい》した「ライトフライヤー号」によるものでした。

最初の飛行がわずか十二秒、四度目の飛行でついに五十九秒、二百六十メートルの飛行が行われました。下の写真は、そのときの実写版で、飛行機を操縦しているのが弟のオーヴィル、横にいるのが兄のウィルバーです。

ところが実は、ライト兄弟の初飛行よりも十二年も前に、飛行機を飛ばしていた日本人がいました。名を二宮《にのみや》忠八《ちゅうはち》といい

ライトフライヤー号　人類初の有人動力飛行に成功した。アメリカ合衆国ノースカロライナ州キルデビルヒルズにて。

ます。彼が香川県の丸亀練兵場《れんぺいじょう》で、わずか十メートルではあるけれど、日本初のプロペラ飛行実験を成功させたのが、明治二十四（一八九一）年四月二十九日のことです。

そのため日本では四月二十九日が「飛行機の日」とされています。そして二宮忠八は、翌日には、なんと三十六メートルの飛行に成功しています。もっとも、その飛行機は有人ではありません。模型です。けれどこれが人類初の動力飛行実験の成功であったことは、疑いようのない事実です。

二宮忠八は、慶応二（一八六六）年の生まれですから、このときまだ二十五歳の青年でした。もともとは、かなり富裕な家の生まれだったそうです。ところが父親が事業で失敗し、さらに二人の兄の放蕩《ほうとう》のため家計が傾いてしまいます。十二歳のとき父親が急死し、忠八は生計を得るため、愛媛の町の雑貨店に奉公《ほうこう》に出ています。

二宮忠八　大日本製薬に勤務していた頃の写真。（飛行神社提供）

忠八は、無類の凧《たこ》好きでした。いろいろな凧を考案し、どれもとてもよく飛んだそうです。

それらの凧には「忠八凧」と名前がついたそうですから、相当な人気だったのでしょう。

明治二十（一八八七）年には、二十一歳で徴兵《ちょうへい》されています。赴任先は丸亀歩兵第一二連隊でした。入隊して二年後のことです。野外演習の帰り道、忠八が木陰で昼食をとっていると、カラスが飛んできて残飯の米粒を狙ってきました。そのカラスは翼を広げて、羽ばたかずに舞い降りてきます。そして飛び立つときには、何度か大きく羽をあおって舞い上がります。よくある光景です。ところがこれを見た忠八は、天啓を得ます。

「向かい風を翼で受け止めたら、空気抵抗で自ら空を飛ぶことができる！」

これが、固定翼《よく》による飛行原理の発見です。

一年後、忠八が完成させたのが、「カラス型飛行器」です。飛行器というのは、彼が命名した名称です。動力は医療用聴診器のゴム管です。医療器具を使用したのは、当時、忠八の勤務先が練兵場内の軍病院だったためです。

明治二十四（一八九一）年四月二十九日、丸亀練兵場の広場で、忠八は自作のカラス型飛行器の飛行実験を行いました。その様子を、練兵場の仲間たちがみんなで見に来ました。

ゴムの力で管につながった四枚羽根のプロペラが回転します。すると風圧で飛行器が舞いあ

カラス型飛行器（復元模型）単葉機で垂直尾翼の代わりに、機首に垂直安定板がある。（飛行神社提供）

がるという仕組みです。凧は、糸を人が引っ張って空に浮かべます。けれど動力飛行器は、自分の力で空に舞います。

忠八はプロペラを回してゴムを巻きました。いっぱいに巻いたところで飛行器をそっと地面に置きます。忠八が手を離すとプロペラが勢いよく回転し、多くの人が見守る中をカラス型飛行器は約三メートル助走しました。そして、フワリと空に舞い上がったのです。

ぐ〜んと高度を上げた飛行器は、十メートルほど飛んで草むらに着地しました。

成功です。「な〜んだ。ただのゴム飛行機じゃないか」と侮《あなど》るなかれ！　人類を宇宙に飛ばすロケットだって、最初の一号機は、ロケット花火程度の小さな規模だったのです。

見守る人も忠八も、飛行器が自走して空に舞ったことに大喜びしました。忠八は、何度も飛行器を飛ばし、翌日には飛距離を三十メートルに伸ばしています。

世界初の有人飛行に向けて

　自信をつけた忠八は、いよいよ有人飛行器の設計に着手しました。いろいろ研究しました。有人飛行の研究のために、忠八は鳥類の体型を詳細に調べるだけでなく、鳥や昆虫、トビウオから、天女《てんにょ》や天狗《てんぐ》にいたるまで、およそ「空を飛ぶもの」ならなんでも調べたそうです。そして、鳥の体型にヒントを得た「カラス型」では人間の体重を支えきれないことを知ります。

玉虫型飛行器（復元模型）尾翼がない特殊なスタイル。複葉式の下の主翼で方向をコントロールする仕組み。（飛行神社提供）

　どうしたらいいのか。忠八は、昆虫の飛行を研究し、ついに四枚羽根の飛行器を作成しました。明治二十六（一八九三）年のことです。この飛行器は、「玉虫型飛行器」と名付けられました。

　「玉虫型飛行器」は、はじめから人が乗ることを前提に設計されています。そのため、空中で飛行器の向きを上下左右など自在に操《あやつ》れる工夫がしてありました。ライト兄弟の実験成功よりも十年も前のことです。実験用の縮小模型なので、翼幅は二メートルです。

いよいよ、飛行実験が始まりました。動力は強力なガソリンエンジンを搭載して、と言いたいところですが、なにせ当時はまだ国産のガソリンエンジンはありません。忠八には外国製のエンジンを買うお金もありません。

そこで忠八は、機体をゴム紐《ひも》で飛ばせる最大サイズで作り、カラス型と同じ四枚羽の推進式プロペラを、機尾で回転させたのです。

「玉虫型飛行器」は十メートル飛行しました。実験は大成功だったそうです。

残る問題は動力源です。いかんせん、ゴム紐エンジンでは人が乗るわけにいきません。石炭を焚《た》く蒸気機関では、重すぎて飛ぶことができません。どうしてもガソリンエンジンが必要です。

忠八は考えました。

「飛行器が実用化すれば、絶対に戦場で役に立つ。だから軍に、この研究開発の資金を援助してもらおう……」

忠八は「飛行器」の有効性について必死でレポートにまとめ、有人の「玉虫型飛行器」の開発計画を、上官である参謀の長岡外史《ながおかがいし》大佐と大島義昌《おおしまよしまさ》旅団長《りょだんちょう》に上申しました。個人では資金が足りないため、このままでは実機が作れません。けれど軍が研究を採用してくれれば、最新式のガソリンエンジンを入手することも可能です。

ところがなんど足を運んでも、長岡大佐の返事は「戦時中である」です。大島旅団長も乗り気ではありません。上官にしてみれば、忠八の趣味や夢物語に、軍予算をまわすわけにはいかなかったのです。

あと一歩、あと少しで、有人飛行器が完成するのです。発動機さえあれば……。エンジンさえ買うことができれば……。忠八は、必死に考えました。

そしてついには、「軍の協力が得られないならば、自分でお金を作って飛行器を完成させるほかない」と考えました。

間に合わなかったエンジン

忠八は軍を退役したあと大日本製薬に入社しました。頑張ればその分、給金が上がるから本気で働きました。忠八はみるみる成績を上げ、ついに明治三十九（一九〇六）年には、愛媛の支社長にまで出世しました。

支社長になった忠八は、すこし時間に余裕が生まれました。それまでに蓄えたお金も、ようやくある程度の金額になりました。

明治四十（一九〇七）年、忠八は精米用の二馬力のガソリンエンジンを購入すると、再び飛行器の研究に没頭しました。ところが、せっかく購入したエンジンなのだけれど、さすがに二馬力では人間を乗せて飛ばすだけの推力《すいりょく》が得られません。しかし当時、徐々に入荷しつつあったオートバイ用のガソリンエンジンは、まだ値段が高くて忠八には手が届きません。

思案のあげく忠八は、ガソリンエンジンの部品を少しずつ買い集め、エンジンそのものを自作しようと考えました。そして少しずつ機材を買いそろえていったのです。

不思議なことに、このとき忠八が自作しようとしたエンジンは、一二馬力エンジンです。ライト兄弟のエンジンと同じ出力です。

そのライト兄弟ですが、いまでこそ世界初の有人飛行として有名になっていますが、明治三十六（一九〇三）年の実験成功当時は、アメリカ国内ですら報道されませんでした。ライト兄弟自身が、アイディアの盗用を恐れてなかなか公開飛行を行わなかったせいもありますが、地上すれすれにわずかの距離を飛んだということが、この時代にはまだ、「大型の凧上げをやっただけ」くらいにしか、一般には認識されていなかったのです。まして軍用に利用するなどという発想もありません。

ようやくライト兄弟による有人飛行成功が広く世間に広まったのは、明治四十年頃になってからのことです。

そんなことから、日本で初めてライト兄弟の成功が報じられたのは、雑誌『科学世界』の明治四十（一九〇七）年十一月号でのことでした。おそらく忠八がライト兄弟のことを知ったのも、このときだったのでしょう。

忠八にしてみれば、これは大変なショックです。一説によると、このとき忠八は、それまで蓄えていた飛行器自作のための機材をめちゃめちゃに壊したといいます。それが事実かどうかは分かりませんが、そうしたい気持ちは分かる気がします。

これ以降、忠八は飛行器の開発を取りやめてしまいました。そして薬の製造の仕事にうちこみ、明治四十二(一九〇九）年には、独立してマルニという会社を設立して社長になっています。

名誉の回復

大正八（一九一九）年のことです。忠八はこのとき五十三歳の実業家となっていました。明治から大正にかけての日本人の平均寿命は、四十四、五歳くらいだといいますから、いまの感覚でいったら、六十代半ばくらいの社長さんといったイメージかもしれません。

忠八は、たまたま同じ愛媛出身の白川義則《しらかわよしのり》陸軍中将（当時）と懇談《こんだん》する機会に恵まれました。このときふとしたはずみに、忘れようとして忘れられない、若き日の陸軍時代の飛行機製造のことで話が盛り上がったのです。

この白川義則という人は、後年、陸軍航空局長を務め、最終階級は陸軍大将にまでなった人です。後に関東軍司令官、上海派遣軍司令官、陸軍大臣を歴任した人物でもあります。要するにタダモノじゃない。

忠八の言葉に関心を抱いた白川中将は、実際にその上申があったかどうかをすぐに確認させるとともに、忠八の上申内容が技術的に正しいかどうかの検証を専門家に命じました。すると、見事「正しい」という答えが返ってきたのです。

ということは、なんと日本はライト兄弟よりはるか以前に、動力飛行機による飛行実験を成功させていたことになります。

白川中将は陸軍その他に働きかけ、大正十一（一九二二）年に忠八を表彰しました。さらにその後も数々の表彰を忠八に授けるよう、運動してくれました。

おかげで忠八は、大正十四（一九二五）年には、安達謙蔵逓信《あだちけんぞうていしん》大臣から銀瓶《ぎんぺい》一対を授与され、大正十五（一九二六）年五月には、帝国飛行協会総裁久邇宮邦彦王《くにのみやくによしおう》から有功章を賜《たまわ》り、昭和二

（一九二七）年には、勲六等に叙勲《じょくん》され、さらに忠八の物語が、昭和十二年には国定教科書に掲載されるようになりました。

素晴らしいと思うのは、このことを知った長岡外史大佐（かつて忠八の上申を却下した大佐）が、わざわざ忠八のもとを訪れて謝罪をしていることです。上からの強制ではありません。しかもこの時点の長岡大佐は、もうとっくに軍を退役したおじいちゃんです。けれど長岡大佐は自らの不明を恥じ、自らの意思で忠八に頭を下げに来たのです。

誰だって自分を正当化したいものです。失敗は他人や時世の「せい」にして、責任から逃れようとするのが人の常です。けれど長岡大佐は自分の非を認めました。自分に厳しいからこそ、他人に対して頭を下げることができるのです。

初の有人飛行より価値がある「飛行神社」

飛行機はその後、瞬《また》く間に世界に普及しました。けれど初期の頃の飛行機は、大変危険で事故も多かったのです。満足な滑走路も飛行管制塔もない時代です。機体の強度も十分ではなく、エンジン性能もいまのように安定したものではありません。そのため飛行機事故で、多くの人が命を失いました。

忠八は自らの青春の夢をかけた飛行機で多くの人命が失われたことに、深い悲しみを覚えました。そして飛行機事故の防止と犠牲者の冥福《めいふく》を祈るために、飛行機を作るために貯めたお金や、褒賞《ほうしょう》として頂いたお金を投じて、京都の八幡《やわた》市に「飛行神社」を創建し、自ら神主になったのです。

そして昭和十一（一九三六）年七十歳で逝去《せいきょ》されるまで、航空の安全と航空殉難《じゅんなん》者の慰霊《いれい》に一生をそそぎました。

二宮忠八は、ライト兄弟のような有人飛行機を飛ばすには至っていません。しかし、ライト兄弟が成功する十四年も前に飛行原理を着想した人です。二宮忠八が飛行機の開発にいそしんだ時代は、まだ日本に電気は普及していなかったし、ガソリンエンジンも普及していませんでした。そんな中で、世界初の有人飛行という夢に向けて研究に没頭した忠八は、「日本の航空機の父」「飛行機の真の発明者」と称されています。

忠八は飛行機に限りない愛情を注いだだけでなく、飛行機事故で亡くなられた方々の慰霊のために、私財をなげうって神社をつくりました。

なぜ、八百万《やおよろず》の神々は忠八ではなく、ライト兄弟に「世界初の有人飛行」という手柄を譲《ゆず》ったのでしょうか。それについて、こんな話を聞いたことがあります。

「発明や発見というのは、その人一代限りの名誉でしかない。

けれど人類は、飛行機の発明でこれまでとまったく違った世界の扉を開いた。このことは、大変意義深いことであると同時に、人類は未来永劫《みらいえいごう》、飛行機による殉難者を抱えることになったのだ。

その慰霊ができるのは、日本人である二宮忠八しかいなかったのだ。だから神々は、忠八の手柄をライト兄弟に譲ったのさ」と。

私には、なんだかそれが本当のことのように思えます。

そうそう。忠八が製作しようとした「玉虫型飛行器」は、重量が重すぎて完成しても飛べないだろうと、長い間考えられてきました。

平成三年十月、有志によって、忠八の当時の設計図どおりにラジコン機が作られました。

なんとこの飛行機は、見事、故郷の八幡浜市の空を舞いました。素晴らしい性能を発揮したそうです。

16 昭和

世界を救った小麦

小麦は世界三大穀物《こくもつ》

日本の年間小麦使用量は約六百万トンです。そのうち八五％を輸入に頼っています。最大の輸入先はアメリカです。二位がカナダ、三位がオーストラリアです。要するに大東亜戦争《だいとうあせんそう》の戦勝国から、いま日本は小麦を買っているわけです。

では、万一小麦の輸入が止まるとどうなるでしょうか。小麦を使用する、パン、うどん、ラーメン、味噌、醤油《しょうゆ》、ビスケット、スパゲティ、マカロニ、餃子《ぎょうざ》の皮、和菓子、カステラ、ケーキ、天ぷら、トンカツのコロモ、お好み焼きにもんじゃ焼……それらが、全部、食べられなくなります。

小麦は世界三大穀物《こくもつ》のひとつです。世界三大穀物というのは、米、小麦、トウモロコシです。なかでもいちばん生産量（消費量）が大きいのが、小麦です。小麦は人類の生存に欠かせない食料なのです。

特にパンやパスタが主食となる欧米では、小麦は食糧自給のための最重要品目です。ですからどこの国でも、小麦の生産は国が統括《とうかつ》しています。これは当然のことで、国が管理し備蓄しなければ、万一のときに国民が飢えてしまうからです。国民あっての政府ですから、まずは自国のことを最優先する。あたりまえのことです。

ですからどこの国でも国内で生産された小麦は、まず自国で消費、備蓄する分を政府が取ります。そして余った分だけを輸出にまわしています。日本が、アメリカやカナダ、オーストラリアから小麦を買っているのは、彼らの国に余剰生産があるからです。

そして彼らが余剰生産できるようになったのは、実は日本生まれの小麦を栽培するようになったからなのです。どういうことかというと、これにはGHQが関係しています。

驚異の新種「小麦農林十号」

戦勝国として日本に乗り込んできたGHQは、日本人が用いている有用と思われる農作物の品種の種子を、大量に収集してアメリカ本国に送りました。

その中心となったのが、アメリカ人農学者のS・C・サーモン博士です。彼はGHQの農業顧問として来日し、日本の農業の実態調査を行いました。そして、日本で開発された「小麦農林十号」と呼ばれる小麦の存在を知ったのです。彼は自ら岩手県立農業試験場に出向き、収穫前の「農林十号」を視察します。

当時、世界で生産されていた小麦の品種は背が高く、どれも一メートル二十センチくらいありました。ところが「農林十号」は背が低く、高さが六十センチくらいです。

背が低いということは、何を意味するのでしょうか。

まず、それだけ倒れにくいということです。小麦は収穫前に茎《くき》が風などで倒れてしまうと、収穫できなくなります。ですから台風や強風などは、小麦にとって大敵なのです。それが高さ六十センチくらいだと倒れにくい。倒れないということは、それだけ収穫が安定するということです。

そして、背の高さが半分しかないということは、体積や質量に換算して単純に計算すると、八分の一しか地面から栄養分を吸わないということです。それだけ葉や茎のために余分な栄養分を、地面から吸い取らなくてすむのです。

それまでのアメリカ産の小麦は背が高く、大きくて実が少ない品種です。ですから小麦の収量を上げるためには、とにかく密度を高くして小麦を植えなければならなかったのです。そのために、およそ十五センチ間隔で小麦の苗を植えていました。実る頃にはすさまじい密度です。

ところがこれをやると、農地の栄養分が吸い取られ、瞬《また》く間に土地が痩《や》せてしまうのです。ですから、何年かに一度は土地を休ませないといけなくなります。つまり、広大な農地が遊休地になってしまうのです。その間、別な農地で小麦の栽培をしなければならない。

ところが「農林十号」は、なんと五十センチ間隔で植えられています。背が低く、茎と葉が小さいから、余計な栄養分を地面から吸い取りません。それでいて、背の高い小麦より、はるかにたくさんの穂を実らせます。つまり、「農林十号」は、土地を枯《か》らさないのです。しかも収穫量は、当時の米国産小麦よりはるかに多いのです。

増え続ける「農林十号」の子供たち

サーモン博士が、これに驚かないはずはありません。「これはすごい!」ということになって、彼は「農林十号」の種子を集めてアメリカ本国に持ち帰ります。そしてアメリカの農業学者たちに、「ノーリン・テン」の名前でこの種子を送りました。

これを受け取ったなかの一人が、ワシントン州のO・A・フォーゲル博士です。彼はサーモン博士から入手した「ノーリン・テン」にアメリカの品種「ブレボア」や「バート」を掛け合わせ、新型小麦の育成に成功します。フォーゲル博士は、「ノーリン・テン」を親とする新型小麦を「ゲインズ」と名付け、全米の農家に配布します。

これが大当たりします。「ゲインズ」は全米で驚異的な出来高をあげ、アメリカの小麦の収穫高が一気に四倍に膨《ふく》れ上がったのです。

さらに農家が大喜びしたのは、「ゲインズ」の背が低かったことです。どうして喜んだかというと、背が低くて安定しているから、たわわに穂を実らせても茎が折れないのです。


このウワサを聞きつけたのが、メキシコで農業研究をしていたアメリカ人農学博士ノーマン・ボーローグ博士です。

彼がどうしてメキシコで小麦の研究をしていたかというと、メキシコは、高温多湿な国で地《ち》味《み》が肥《こ》えていたため、小麦の栽培に適していたからです。ところが問題があって、メキシコの小麦はなぜかサビ病という病気に弱いのです。病気が発生すると収穫が激減してしまい、その都度、メキシコは飢饉《ききん》に見舞われていたのです。そこでボーローグ博士は、自らメキシコに行って、伝染病に強い小麦を研究していたのです。

そして彼がつくった品種は病気に強く、収穫高の多いものでした。素晴らしいことです。ところがこの品種は、背が高くて実りが多い。そのため、麦が収穫前に倒れてしまうのです。倒れた小麦は収穫できません。これでは肝心の収穫高が増えないどころか減ってしまいます。ボーローグ博士は困り果てていたのです。

そこにもたらされたのが、フォーゲル博士の、背の低い小麦の成功のニュースです。ボーローグ博士は大喜びして、さっそくその小麦、「農林十号」の子供たちを取り寄せます。そして自分が開発した背が高くて病気に強く実りが多い品種と、「農林十号」の子供たちを掛け合わせます。そして誕生したのが、背が低く、収穫期に倒れず、土地を痩せさせず、農地の休養も必要なく、病気にも強く、収穫高がめちゃめちゃ多い、理想の小麦だったのです。

この功績で、ボーローグ博士は国連農業機関員となります。

彼は国連の機関員として、発展途上国各地の農業を視察するとともに、各国から農業研究者をメキシコに呼び寄せて技術指導をし、指導を受けた者たちにこの「農林十号」から改良した新種の麦の種子を持ち帰らせる制度を開始しました。

ここが大事なところですが、あくまで「制度を開始」したのです。冒頭に申し上げたように、小麦は大切な主食穀物です。ですからメキシコでも、他国への種子の持ち出しは禁止だったのです。要するにそれをＧＨＱは、勝手に国外に持ち出していたわけです。これは明らかな違法行為です。

奇跡の小麦が世界を救う

ちょうど、その頃です。昭和四十（一九六五）年から四十一年にかけて、インド、パキスタンで、冷害による大凶作が起こりました。数千万人が飢えて死亡する事態になったのです。ボーローグ博士は、インドに数万トン単位で、この新品種の種子を送り込みました。そしてこの種子が実をつけると、なんとインド全土の小麦の収量は二倍になり、パキスタンでも自給自足が可能なレベルにまで生産が安定したのです。

これにより救われた命は、一億人を下らないと言われています。ボーローグ博士の小麦の種子は「奇跡の小麦」と呼ばれ、さらに各国に普及して世界の小麦生産量を激増させることに成功しています。

現在、世界全体で生産される小麦は年間約六億トンです。ところが農地（作付）面積は、一九六〇年以降、まったく増えていません。そして一九六〇年の小麦生産高は、全世界あわせて二万トンでした。つまり奇跡の小麦は、世界の小麦生産量を三倍に増やしたのです。

これが「緑の革命」です。

そもそも今から二百年前、イギリスの経済学者トマス・ロバート・マルサスという人が、世界の人口は「まもなく食糧栽培能力を上回る」と予測していました。世界の人口が食料の栽培能力を上回ったらどうなるか。上回った分だけの人が、大量に餓死《がし》しなければならないのです。ノーマン・ボーローグ博士の小麦は、世界の食糧事情を好転させました。おかげで、いまや世界の人口は二百年前の三倍に増えましたが、その分の食料はちゃんと生産できています。

ボーローグ博士は世界の食糧不足の改善に尽くしたとして、一九七〇年にノーベル平和賞を受賞しています。

稲塚権次郎氏（左）とボーローグ博士（右） 二人は昭和56年、金沢市で開かれた日本育種学会で初対面した。このとき権次郎氏はボーログ博士に「水きよき池のほとりにわがゆめの かないたるかも 水芭蕉さく」という昭和天皇御製を送った。（稲塚泰明氏協力）

ボーローグ博士の「奇跡の小麦」は、どのようにして誕生したのか、長い間、謎に包まれたままでした。ある日、博士の口から、「奇跡の小麦」は、実は日本で生まれた「農林十号（ノーリン・テン）」が親の品種であると語られます。

博士本人の口からです。

いま、世界の人類の生存を支えている小麦は数百種類に及びますが、それらはことごとく「農林十号（ノーリン・テン）」の子供たちです。そしてその「小麦農林十号」を開発したのは、日本人の稲塚権次郎さんです。ちなみに稲塚さんは、「水稲農林一号《すいとうのうりん》」も開発しています。「水稲農林1号」は、コシヒカリ、ササニシキの親です。

神々ならどう考えるか

さて、ここから先は、私が感じたことです。共感していただけるかどうかは分かりません。オカルトっぽいと思われるかもしれないし、不謹慎《ふきんしん》だと叱《しか》られてしまうかもしれません。ただ、心で感じたことを正直に書かせていただきます。

先の大戦で日本は前半戦、まさに破竹《はちく》の快進撃をしました。帝国陸海軍は、まさに神がかり的な強さを持っていました。米、英、濠、仏、どこも日本に敵《かな》いませんでした。

フィリピンを守っていたマッカーサーも強大な陸軍を持っていながら、一瞬にして制海権、制空権を日本軍に奪われ、陸軍も制圧されています。しかも皇軍兵士は、ハーグ陸戦条約を守り、あくまで戦地の民間人が退去するまで、その地への攻撃をしかけなかったし、攻撃するのも敵の軍事施設等にピンポイントでした。まさに最強の皇軍兵士だったのです。

ところがある日を境に、日本軍は敗退につぐ敗退をしていきます。それはまるで、ツキが落ちたかのようでした。打つ手、打つ手がことごとく裏目に出てしまいます。

もしかすると、本当にもしかするとなのですが、日本の八百万《やおよろず》の神々は、未来を知っていたんじゃないか、と思うのです。

もし、日本があの戦争に勝つか、あるいは昭和十八年頃の時点で米英と講和条約を結んでいたらどうなっていたでしょうか。講和はしても敵対関係は継続します。インドもパキスタンも、イギリス領のままです。

日本で開発されていた「農林十号」は、収穫量は多いけれど病気に弱かったため、それだけでは普及できません。「農林十号」に「病気に強い」という性能が加わるのは、メキシコで開発された品種と掛け合わせるという要件が必要だったのです。

けれど日本はアメリカとは敵対関係です。当然、メキシコとも敵対関係です。そうなると、昭和四十年にインド、パキスタンで起こった冷害による凶作は、両国あわせて、おそらく億単位の餓死者を出す結果を招いたことでしょう。

それとは反対に日本が戦争に負け、ＧＨＱが日本で開発された「農林十号」をアメリカ本国に持ち帰ったから、アメリカの農業生産高は劇的に上がり、メキシコで開発された病気に強い品種と交配することで収穫高が何倍にもあがり、農地を休ませる心配がない奇跡の麦が誕生し、世界に普及し、インド、パキスタンの民の命は救われ、世界の人口も、（耕地面積が増えていないのに）三倍にも増えて、いまや七十億人となったのです。ちなみに、いまやインドは小麦の輸出国です。

もし八百万の神々が未来を知っていたなら、どう判断されるだろうかと考えてみました。日本を勝たせて、世界の飢えを招くか、それとも日本を一時的に敗戦に導いたとしても、世界の民《たみ》の命を救うことを選択するか。たぶん、後者だと思うのです。

戦争で日本が掲《かか》げた人種の平等、植民地支配の終焉《しゅうえん》という壮大な目的は達せられました。日本は焼け野原になったけれど、その後の日本は、終戦直後の世界の最貧国状態から、ほんのわずかな期間で、世界第二位の「富める国」になっています。「平和ボケ」という言葉が生まれるくらい、平和と繁栄を手に入れています。

そして日本で生まれた「農林十号」は、病気にも強い最強の品種として、いまや世界中で栽培され、全世界の人々のお腹を満たしています。

八百万の神々は本当にいらっしゃるのか、それともいらっしゃらないのか、いらっしゃるとしても人の世をどのようにお考えなのか、私たち人間には分かりません。それは計り知れないことです。けれど、神々が本当に存在されるのであれば、やはり長い目でみて、最良の選択をされたと思うのです。

「農林十号」と、世界の小麦の生産、インドやパキスタンの飢饉からの脱却。もしかしたら日本は、本当に八百万の神々の国なのかもしれません。そんなふうに思うのです。

日本人に生まれたことへの感謝

ソドムとゴモラが、神の火によって焼かれたように、神々というのは決して優しいばかりじゃありません。ときに厳しく成敗を下すことがあります。これは、別に何らかの宗教の話として言っているのではありません。個人的に私は、ほとんど無信心者です。

ただ、小麦のことを考えたとき、なんだかそこに大きな神の意志みたいなものを感じた、ただそれだけの話です。

けれど、人というものが自然界の一部なら、その調和が乱れたとき、なんらかの兆候《ちょうこう》が表れるというのは、あながちデタラメとも思えない気がします。

日本は、日本人は、だからこそ襟《えり》を正し、ひとりひとりがしっかりとした国家観を持ち、歴史に謙虚に学び、目先の利益だけに粉動《ふんどう》されることなく、しっかりとした道義心をもって生きなければならない、そう思うのです。

いま日本は、大切な食料のひとつである小麦を、大東亜戦争の戦勝国から輸入しています。ちなみに、小麦の生産高だけでいうと中国が世界第一位です。しかし中国が「もともと世界第一位」だったわけではなく、「農林十号」を開発した稲塚権次郎さんが戦時中に中国にいて、戦後もそのまま現地で農業指導にあたっていたのです。

稲塚さんは終戦後も中国から「帰らないでくれ」と懇願《こんがん》され、終戦後二年も留《とど》まり、本土に復員されたのは昭和二十二年になってからです。中国は人口が多いので小麦は国内で消費され輸出はされませんが、いま中国人のお腹を満たしている小麦は、まちがいなく稲塚さんが開発した「農林十号」の子供たちです。結局、胡錦濤《こきんとう》さんが食べている餃子もラーメンも、日本生まれの小麦です。

私たちは、実は、すごい国に生まれたといえるのではないでしょうか。しかも、そのすごい国が平和と繁栄と飽食《ほうしょく》を享受《きょうじゅ》しているという、これまたすごい時代に生まれ、育ち、生きています。

そういうことに、まずは感謝する。それはとても大切なことだし、感謝するだけでなく、この国のために、そして人類の福祉と共存のために、自分でできることをする。

少なくとも、世のため人のために自分の人生を、ほんのちょっぴりで構わないから使ってみる。そんなことが、とても大切なことに思うのです。

17 昭和

インパール作戦

あまりにも不自然な作戦

大東亜戦争《だいとうあせんそう》の末期、昭和十九年三月から六月にかけて、日本陸軍はビルマ（現、ミャンマー）からインド北東部の要衝《ようしょう》、インパールを攻略しようとして作戦を発起《ほっき》し勇戦しました。けれど補給の不備で攻略を果たせず、空と陸からイギリス軍の反攻を受けつつ退却しています。

この退却ルートで負傷し、飢えて衰弱した体でマラリアや赤痢に罹患《りかん》した日本の軍人さんたちの大半は、途中で力つきてお亡くなりになりました。沿道には延々《えんえん》と日本兵の腐乱《ふらん》死体や白骨が折り重なっていたことから、その街道は「白骨街道《はっこつかいどう》」と呼ばれています。

このとき生還《せいかん》した兵の記録に次のようなものがあります。

道端《みちばた》に腰掛けて休んでいる姿で小銃を肩にもたせかけている屍《かばね》もある。また、手榴弾《しゅりゅうだん》を抱いたまま爆破し、腹わたが飛び散り、真っ赤な鮮血が流れ出たばかりのものもある。そのかたわらに飯盒《はんごう》と水筒《すいとう》はたいてい置いてある。また、ガスが充満し牛の腹のように膨《ふく》れている屍《かばね》も見た。地獄とは、まさにこんなところか……。その屍にも雨が降り注ぎ、私の心は冷たく震える。

そのような姿で屍は道標《みちしるべ》となり、後続のわれわれを案内してくれる。それをたどって行けば、細い道でも迷わず先行部隊の行った方向が分かるのだ。皆これを白骨街道と呼んだ。

この道標を頼りに歩いた。

（『ビルマ最前線』小田敦巳）

イギリス軍はこの退路にもしばしば現れ、容赦《ようしゃ》なく銃弾を浴びせたそうです。死体のみならず負傷し罹患して動けない日本兵まで、生死を問わずガソリンを掛けて焼きました。

こうした酸鼻《さんび》な敗戦だから、作戦を指導した牟田口《むたぐち》中将は戦後あらゆる非難、罵声《ばせい》を浴びせられました。負ければ賊軍《ぞくぐん》は世の習いです。

しかし、いくらそんな批判をしても、失われた生命は帰ってきません。むしろ戦争を知らない世代である私たちにとっては、そうやって歴史を批判することよりも、そこから「何を学ぶか」が大切なことだと思います。

そういう姿勢でこの作戦を見ていくと、驚くべき事実や不思議な出来事が浮かび上がるように、はっきり見えてくるのです。

インド兵を温存せよ

昭和十八年九月の御前会議《ごぜんかいぎ》で、絶対国防圏として千島、小笠原、マリアナ、西部ニューギニア、スンダ、ビルマを含む圏域を定め、この外郭線《がいかくせん》において敵の侵攻を食い止めようという戦略が決定されました。

インパール作戦は、その基本戦略に反しています。なぜなら、国防圏の外側にあるインドに、撃って出ようというのです。どうしてこの時期にこういう作戦を立てたのでしょうか。

しかも、はじめは反対していた大本営も、当時日本に滞在していたインドの独立運動家、チャンドラ・ボースの強い要請《ようせい》を受けて、作戦の実施を認めたといいます。もしかしたらインドの独立に火をつけることで、退勢が濃くなってきた大東亜戦争の戦争目的を改めて世界に訴える意味が重視されたのかもしれません。

守るイギリス軍は十五万です。攻める日本軍は九万です。亜熱帯のジャングルの中の陸戦ですから、大型の火砲は使えません。ですから当時のジャングル戦は、なにより歩兵の数がものをいいました。数で劣る日本軍は不利です。

ところが実は、ほかにインド国民軍四万五千がいたのです。この兵力を加えれば日本の兵力はイギリスとほぼ並びます。ところが日本軍はそのインド国民軍のうち、どうしてもという六千人だけを連れて行き、残りをまるごと温存したのです。

普通の国ならこうした場合、インド軍をむしろ前に立てて、自国軍主力の犠牲を少なくしようとするのが自然です。これはインド独立のための戦いなのです。インド国民軍を前に出して何も悪いことはありません。

ところが日本軍はそうしませんでした。むしろ自分たちが戦いの先頭に立ったのです。戦闘のプロである日本軍の幹部は、これがどれだけ困難な戦いになるかは分かっていたはずです。だからインド兵を後ろに置き、自分たちが先頭に立ってインドを目指したのです。

日本軍の下級将校も、自分の部隊に配属された少数のインド兵を温存しました。こうした日本軍の心意気は必ずやインドに伝わり、インドの決起を促す。下級将校クラスであれば、当然そのくらいのことは考えていたはずです。

末端の兵士はそこまで具体的には考えていなかったかもしれないけれど、アジアの人々が植民地支配のもとで虐《しいた》げられ続けてきたことは承知しています。

果たして遠からずインドは独立しました。その意味を知ればこそ、戦後の東京裁判に独立間近のインドは歴史の証人として、パール（パル）氏を判事として送り込んだのかもしれません。

インド解放のため死しても戦う

驚くことに、こういう惨烈《さんれつ》な戦いであったにもかかわらず、終始日本兵の士気は高かったのです。

インパール作戦は補給を無視した無謀な戦いであったというのが、戦後の定説となっています。しかし、日本軍は戦闘のプロです。作戦以前の問題として、第一線への補給が困難であることは当然、分かっていたことです。ましてアラカン山脈に分け入る進撃です。

後方との連絡の細い山道は常に上空からの銃爆撃《じゅうばくげき》にさらされて、命令も情報も伝わってこなかったに違いありません。その中を日本兵たちは、ほんの数人の塊《かたまり》となってイギリス軍と戦い続けたのです。

一人も降伏しない。誰も勝手に退却しない。敗戦となり軍の指揮命令系統が崩壊しても、ひとりひとりの日本兵は弾の入っていない歩兵銃に着剣して、後退命令が来るまで戦い抜いたのです。

そうした闘魂の積み重ねで、一時はインパールの入り口を塞《ふさ》ぐコヒマの占領まで果たしています。前半戦は勝っていたのです。

食料乏しく、弾薬も尽き、医薬品は最初から不足し、マラリアやテング熱、赤痢《せきり》も横行するなかを、日本軍は二カ月間も戦い抜いたのです。有名なワーテルローの戦いだって、たった一日です。戦いの二カ月というのはものすごく長い期間です。相当高い士気がなければ、こんなことは不可能です。

世界最高の軍紀を誇った日本軍

さらに、日本軍の軍紀は称賛に値すべきものでした。餓鬼《がき》や幽鬼《ゆうき》のような姿で山中を引き揚《あ》げる日本の将兵たちのだれ一人、退却途中の村を襲っていないのです。すでに何日も食べていない。負傷もしている。病気にも罹《かか》っている。

そんな状態にもかかわらず、退路に点在していたビルマ人の村や民家を襲うどころか、物を盗んだという話さえ、ただの一件も伝えられていないのです。これは普通では考えられないことです。銃を持った敗残兵が民家を襲い、食糧を略奪するなどの乱暴をはたらくのは、実は世界史をみれば常識です。

戦場になったビルマですが、現地の人たちは戦中も戦後も、日本軍に極めて好意的です。それは日本の軍人が、そういう不祥事《ふしょうじ》を起こさなかったからです。

戦後、実際にインパール作戦に従軍された方々によって、たくさんのインパール戦記が刊行されたけれども、驚くことは、民家を襲わなかったことを誇る記述を、誰一人として残しておられないということです。

戦争に関係のない民家を襲わないなんて「あたりまえ」のことだったからです。むしろ、退却途中でビルマの人に助けてもらった、民家の人に食事を恵まれたと感謝を書いている例が多い。それが日本人です。そういう生き方が我々の祖父や父の若き日であったのです。

勝利を祝わなかったイギリス軍

この戦いはイギリス軍十五万と日本軍九万の大会戦です。有名なワーテルローの戦いはフランス軍十二万、英蘭プロイセンの連合軍は十四万だから、ほとんどそれに匹敵する歴史的規模の陸戦です。

にもかかわらず、不思議なことにイギリスは、このインパールの戦いの勝利を誇るということをしていません。

戦いのあとインドのデリーで、ゴマすりのインド人が戦勝記念式典を企画しました。けれどイギリス軍の上層部は、これを差し止めたと伝えられています。

なぜでしょうか。理由は判然としません。しませんが、以上の戦いの回顧《かいこ》をして、私は何となく分かる気がするのです。それは、「第一線で戦ったイギリス軍は、勝った気がしなかったのではないか」ということです。

自分たちは野戦食としては満点の食事を取り、武器弾薬も豊富に持ち、必要な物資は次々と補給される。そして植民地インドを取られないために、つまり自国の利益のために戦っている。それなのに日本兵は、ガリガリに痩《や》せ、誰しもどこか負傷し、そして弾の入っていない銃に着剣して、殺しても殺しても向かってくる。それが何と自国のためではなく、インドの独立のため、アジアの自立のためです。そんな戦いが六十日以上も続いたのです。

ようやく日本軍の力が尽き撤退したあとに、何万もの日本兵の屍《かばね》が残りました。それを見たときにイギリス人たちは、正義はいったいどちらにあるのか、自分たちがインドを治めていることが果たして正義なのかどうか……。魂を揺さぶられる思いをしたのではないでしょうか。

実際、インパールで日本軍と戦ったあと、インド各地で起きた独立運動に対するイギリス駐留軍の対応は、当時の帝国主義国家の植民地対応と比べると、あまりにも手ぬるいものとなっています。やる気がまるで感じられないのです。

ガンジーたちの非暴力の行進に対して、ほとんど発砲もしないで通しています。以前のイギリス軍なら、デモ集団の真ん中に大砲を撃ち込むくらいのことは平気でした。

そして、戦後の東京裁判でイギリスは、インドがパール判事を送り、パールが日本擁護《ようご》の判決付帯書を書くことについて口を出していません。そこに私はインパール作戦が世界史に及ぼした大きな、真に大きな意義を感じるのです。

「分かる」ということ

唯物史観という言葉があります。犯罪捜査と同様の手法で歴史を観ていく考え方で、すべては証拠に基《もと》づいて判断する、状況証拠は証拠にならない、というものです。けれど、日本の歴史というのは、むしろ書いてあることは「……と日記には書いておこう」という程度のものが多いのが実際です。

建前《たてまえ》上のことを文字にして残し、その実情や心は、分かる人には「分かる」ようにしておく。

それがあたりまえのように行われてきたのが、日本の歴史です。

血の通った人間が、悩み苦しみ、決断して行動し、時には死を賭《と》して戦い、そういった人生がいくつも重なりあって歴史という大きなドラマは紡がれているのです。多層織りなす歴史を単なる記録として扱ってしまえば、そこから学ぶものは血が通わない無機質な、実際には役に立たない知識ばかりになってしまいます。

「分かる」ということは、たんに書いてあることを覚える、知るということとは意味が違います。歴史の奥に隠された先人の意志や心情にまで思いを馳《は》せることで、歴史は色彩豊かな世界を私たちに見せてくれ、真に役立つ知識を授けてくれるのだと思います。

18 昭和 思いやりの心

ホタルになった特攻隊員

宮川三郎陸軍少尉といえば、テレビドラマなどでも紹介され、知覧《ちらん》航空基地から特攻隊として飛び立ち、ホタルになって帰ってきたというお話で有名です。

特攻隊は、知覧をはじめ、宮崎の都城《みやこのじょう》など九州各地や、台湾の航空基地からも出撃しています。なかでも知覧基地は、本土最南端であったことから出撃回数も多く、陸軍の全特攻戦死者千三十六名のうち半数近い四百三十九名が、ここから出撃しました。

その基地の近くにあった富屋食堂は、出撃前の特攻隊員たちの憩《いこ》いの場であったこと、そして食堂のおかみさんであった鳥濱《とりはま》トメさんを、特攻隊員たちが母のように慕ったことも有名な話です。トメさんは出撃された全員おひとりおひとりのことを、まるで昨日のことのようによく覚えていたそうです。

宮川少尉が知覧に着任したのは、昭和二十（一九四五）年五月の半ば頃だったそうです。宮川少尉は新潟出身で、雪国の人らしく色白でハンサムな方でした。新潟県小千谷市出身で、旧制新潟県立長岡工業高等学校を首席で卒業し、昭和十八年十月に明治神宮で行われた第一陣学徒出陣壮行会にも参加しています。

宮川少尉は、知覧に来る前、万世飛行場から一度、特攻出撃しているのですが、機体の故障で引き返しています。一人だけ生き残ったことを大変気にしていたといいます。ようやく代わりの飛行機がもらえ、出撃の日も六月六日に決まりました。

出撃する前夜のことです。宮川少尉が、一緒に出撃する滝本恵之助曹長《そうちょう》と二人で、富屋食堂にやって来ました。

宮川少尉と滝本曹長は、「明日出撃です」と、ごきげんだったそうです。ちょうどその日は、宮川少尉の二十歳の誕生日でした。トメさんは宮川少尉のために、お赤飯を炊いてあげたそうです。二人はそのお赤飯を、おいしいおいしいと頬張《ほおば》り、帰りがけに、

「おばさん、俺、明日も帰ってくるよ。ホタルになってね。滝本と二匹で。だからおばさん、追っ払ったらだめだよ」

と冗談のように言ったそうです。トメさんは、二人が食堂に来る途中でホタルを見かけたの

だろうと、そのときは気にもとめなかったそうです。

翌六日は、どんより曇った日でした。この日は総攻撃の日で、朝から特攻機がどんどん飛び立ちました。トメさんも見送りに行きました。


その日の夜になって、出撃したはずの滝本曹長が一人でひょっこり食堂にやって来ました。二人は編隊を組んで飛び立ったのです。が、どうにも視界が悪い。そのため、何度も滝本曹長は宮川機の横に並んで、「視界が悪い。引き返そう」と合図を送ったそうです。けれど、宮川少尉はその都度、手信号で、「俺は行く、お前は帰れ」と合図しました。何度か目の合図のあと、滝本曹長は引き返しましたが、宮川少尉はそのまま雲の彼方に消えていかれたそうです。滝本曹長はその話をしながら、「宮川は開聞岳《かいもんだけ》の向こうに飛んで行ったよ」と言って涙をぽろぽろとこぼしたそうです。

そして夜の九時頃のことです。食堂にはトメさんの娘さんが二人と滝本曹長、奥の広間には明日出撃予定の隊員たちが七、八名いて遺書を書いていました。

トメさんはなんとなく気になって、食堂の入り口の戸を少しばかり開けたのだそうです。すると、それを待っていたかのように一匹のホタルが、ふわーと食堂に入ってきて天井のはりの

鳥濱トメさんと特攻隊員たち　特攻隊員から実母のように慕われていたトメさんは、戦後は富屋旅館の離れで、平和の語り部として「戦争はね、あってはならないのですよ」と隊員さんたちとの話を交えながら語っていたという。(ホタル館富屋食堂提供)

ところに止まったそうです。それは、とても大きなホタルで、大人の親指くらいの大きさがありました。ホタルの季節には、まだ少し早いのに、そんなに大きなホタルがいること自体が、不思議です。そのとき、トメさんの娘の礼子さんが、

「あっ宮川さんよ。宮川さん、ホタルになって帰ってきた！」

と叫びました。滝本曹長もびっくりした様子でした。トメさんは、みんなに言いました。

「みなさん。宮川さんが帰っていらっしゃいましたよ」

その場にいた全員で、何度も何度も『同期の桜』を歌ったそうです。ホタルは長い間、天井のはりに止まっていましたが、すっといなくな

りました。

日本の心とは「思いやりの心」

戦争が終わったあと、トメさんは知覧を飛び立ち散華《さんげ》された特攻隊員たちのために、知覧基地の跡地に一本の墓碑《ぼひ》を立て、毎日お参りしていたそうです。

自宅からその墓碑まで、歩いて三十分かかったといいます。足の悪かったトメさんは片手で杖《つえ》をつき、片手にお線香を大事そうに抱えて、暑い日も寒い日もお参りに行っていたのです。雨降りの日などは大変だったそうです。両手がふさがっているため、傘を持つことができませんから、トメさんはずぶぬれになってお参りしていたそうです。

そのトメさんが、お孫さんたちに、繰り返し語ったことがあります。

特攻隊のみなさんは、みんなとっても「思いやり」のある子たちだったんだ。
あの子たちが行ったのは、軍の命令だから行ったとか、そういうことじゃなかったんだ。
あの子たちはね、故郷にいる親御《おやご》さんや、兄弟の方々や、妹や大好きな人たちを守ろうとして、旅立って行ったんだ。

誰だって、死ぬのはこわいよ。

そのことは、昔の人もいまの人も、なんにも変わらない。

あの子たちだって、こわかったんだ。

でもね、あの子たちは、みんなを守るため、自分の命を犠牲にしてでもみんなを守りたいっていう「思いやり」の心があったんだ。

私はね、出撃した全部の隊員さんたちを知ってるよ。

ぜんぶ、私の子供たちだったよ。

あの子たちはね、人を、故郷を、大好きな人を「思いやる」心があったから、自分の命を犠牲にしてでも、まわりの人たちを守ろうとして出撃して行ったんだ。

「思いやりの心」を世界的な価値観にするとき

知覧基地から特攻に行く隊員さんたちは、全員、三角兵舎《さんかくへいしゃ》と呼ばれる建物の中で寝起きしてました。その三角兵舎は、松林の中にありましたが、戦争が終わると全部取り壊されました。

何年もたってから、トメさんと娘さん姉妹と、まだ幼かったお孫さん（このお話を聞かせてくださった方）たちみんなで、その松林に行かれたそうです。

ふと目にとまったのは、松の木の一本一本に刻まれた文字でした。そこには、亡くなられた特攻隊員さんたちが、ご自分で彫ったのでしょう。筆跡の異なるお名前が、いっぱい刻まれていたのです。

それを見たとき、分かったそうです。彼らだって死にたくなかったんだと。そして、「俺たちが生きていたことを決して忘れないでくれ！」という強い思いが、その木に刻まれたお名前のひとつひとつから痛いくらいに伝わってきたそうです。そのことに気付いたとき、その場に居合《いあ》わせた全員が、もうね、号泣したそうです。

復元された三角兵舎　敵の目を欺くため、松林の中に半地下壕をつくり、屋根には杉の幼木をかぶせて擬装した。各地から集まった隊員たちは、ここで遺書や手紙を書きながら数日過ごしたあと、南の空へ飛び立ち散華された。（知覧特攻平和会館協力）

戦前の日本にあって、戦後の日本にないもの。その最大のものは、「思いやりの心」なのかもしれません。自分の全身全霊をかけて、ときに自らの生命さえもかけて人を思いやる心。私たちの、日本の心を取り戻す戦いというのは、そういう「思いやりの心」を取り戻すための戦いなのかもしれません。

日本人は、
十年で、日本の国体を抜本的《ばっぽんてき》に改革し、
二十年で、清国《しんこく》を破り、
四十年で、大国ロシアを破り、
八十年で、世界を相手に戦って欧米の植民地時代を終焉《しゅうえん》させました。

十、二十、四十、八十という数列から、次にくるのは百六十です。
百六十年目というと、平成三十七（二〇二五）年です。
おそらくそのときに日本が、日本人が世界に示すもの。それは、国と国、そして個人と個人がそれぞれに、互いに対する「思いやりの心」を持つことを、世界の普遍的な価値観にすることなのかもしれません。私には、そのように思えます。

※宮川三郎氏の階級については、没後に与えられた「少尉」に統一して書かせていただきました。（著者）

おわりに　**千年後の歴史教科書**

二十世紀における最大の出来事

仮にいまから千年後の子供たちが、世界史の授業で二十世紀という時代を習うとします。そのとき、二十世紀を代表する最も大きな出来事は、いったい何だと教わるでしょうか。

みなさんは、何だと思われますか？

世界史——つまり人類史において、二十世紀を代表する最大の出来事とは……？

私は間違いなく、「植民地支配の終焉《しゅうえん》」を挙《あ》げることになるだろうと思います。人が人を差別する時代、しかもそれを国家ぐるみ、民族ぐるみで人種差別し収奪した時代、これがはじまったのは、十六世紀の大航海時代から以降のことです。

もちろん古代においても奴隷《どれい》支配という植民地の原型はありましたが、対等に戦い、勝負した結果、支配する者と支配される者に別れ、歴史においてその地位が度々逆転した中世以前の戦勝国による支配と、大航海時代以降の国家ぐるみ、民族ぐるみで人種そのものを差別し搾取《さくしゅ》した「植民地支配」とでは、その規模も内容もまるで異なっています。

十六世紀以降、アジアやアフリカの有色人種諸国は白人が入植《にゅうしょく》する植民地となり、現地の人々は収奪され、家畜のように扱われ、そして愚民化政策によってただ隷属《れいぞく》するだけの民族に仕立て上げられていきました。

当時の白人たちにとって、被植民者である現地のカラード（有色人種）は、人間ではありませんでした。これは誤解されている方もいらっしゃるのですが、人間として扱わなかったのではなく、そもそも白人たちは有色人種を人類とは別の種類の生き物――つまり獣《けもの》であると認識していたのです。

有名な話ですが、植民地においては、白人の娘さんが部屋で着替えているところに、有色人種の男性（奴隷）が用事で入ってきても、娘さんは平気だったそうです。要するに室内に犬や猫が入ってきたのと、まるで同じだったのです。もちろん白人女性が着替えているところに、白人男性が入ってきたら、それはもう大騒ぎになります。

こうした欧米列強による有色人種への植民地支配は、約五百年続いたのです。その間、何度かカラード（有色人種）による大規模な反乱なども起こっています。

インドで一八五七年に起こったセポイの乱などもその一例です。暴動は白人たちの圧倒的火力の前に鎮圧《ちんあつ》され、首謀者《しゅぼうしゃ》たちは大砲の前に縛《しば》り付けられた状態で、大砲を発射され、五体をバラバラに飛ばされて処刑されました。なぜそのような残虐《ざんぎゃく》な方法で処刑できたのかといえば、有色人種は人間とみなされなかったからです。

日本人が自らを犠牲にして果たしたこと

ところがそうした植民地時代が、二十世紀の終わり頃、突然各地で終焉《しゅうえん》を迎えたのです。世界中の被植民地国家は次々と独立を果たし、欧米諸国はその富の源である植民地をことごとく失いました。

それだけではありません。

かつて被植民地として支配されたカラード（有色人種）国家は、経済面でも急激な成長を遂《と》げ、二十一世紀となったいまでは、世界の経済の牽引役《けんいんやく》にまで育っています。この突然の変化の背景には、何があったのでしょうか。五百年続いた絶対的優位の植民地支配が、なぜ、こうも短期間に突然の終息を迎えたのでしょうか。

これをお読みのみなさんなら、もうお分かりかと思います。

答えは、日本にあります。

東洋の辺境にあった島国の日本が、世界でただ一国、カラードでありながら自尊独立のために短期間で国をまとめ、積極的に欧米の文物を取り入れ、瞬《またた》く間に欧米列強と肩を並べる強国になったかと思うと、ただ一国で世界最強の誉《ほま》れ高いロシア陸軍を彼らの最も得意とする陸戦で打ち破り、さらに世界最強のバルチック艦隊を壊滅させたのみならず、昭和十六年には絶対に負けることがないと信じられた大英帝国の東洋不沈艦隊を壊滅させてしまいました。

さらに日本は、植民地支配されていた諸国で白人支配者を追放すると、現地の人々に行政を教え、教育を施《ほどこ》し、軍備を整えさせ、彼らの独立自尊を手助けしました。

その代わりに、日本は満身創痍《まんしんそうい》の焼け野原になりましたが、ついに世界は、植民地支配という構図を失うに至ったのです。

その象徴となったのが、昭和三十九（一九六四）年の東京オリンピックでした。

東京オリンピック参加国は、その時点で史上最多の九十三カ国です。なぜ最多なのか。新たに独立した世界中の元植民地国が参加してくれたからです。東京オリンピックのマラソンで優勝したアベベ選手は、イタリアの植民地から独立したばかりのエチオピアからの参加です。

ちなみに東京オリンピックの前に開催された一九六〇年のローマオリンピックの参加国は八十三です。一九五六年のメルボルンオリンピックでは、参加国は六十七でした。一八九六年に行われたアテネオリンピックでは、参加国はわずか十四です。東京オリンピックの次に開催されたメキシコシティオリンピックでは参加国は百十二となり、二〇一二年のロンドンオリンピックでは、ついに参加国は二百四となりました。

参加国が増えたということは、それだけ独立国が増えたということです。そしてそうなった背景には、間違いなく日本の働きがそこにあるのです。

日本は戦争目的において勝っていた

そして、二十世紀までの世界史のなかで、自国の利益を度外視してまで周辺諸国の独立と平和のために戦い、勝利を得、それら諸国に莫大《ばくだい》な経費をかけて自立を促《うなが》したという、まさに神様のような国は、日本以外に存在しません。

韓国人で、韓日文化研究所の朴鉄柱氏は、次のように述べています。

大東亜戦争《だいとうあせんそう》で日本は敗れたというが、敗れたのはむしろイギリスをはじめとする植民地を所有していた欧米諸国であった。

彼らはこの戦争によって植民地をすべて失ったではないか。

まさに、そのとおりです。五百年後、千年後の世界の歴史教科書には、二十世紀に関する記述として、間違いなく「植民地時代の終焉」という語句が入ると思います。

これこそ二十世紀最大のエポックであり、人類史に残る偉業といえることだからです。そしてこれを成し遂げたのは、まぎれもなく、私たちと血のつながった若き日の私たちの父祖《ふそ》たちだったし、それを引き起こしたのは間違いなく日本でした。

そういうことを私たちは、しっかりと知っておく必要があると思います。

ちなみに、植民地というのは英語で「colony（コロニー）」です。ですがおもしろいもので、日本語でコロニーと書かれるときは、生活共同体の意味に用いられるようです。英語の「colony」が、日本語では「植民地」「コロニー」と二つのまったく別な言葉に訳されて使われているのです。ちょっとおかしな話です。

不思議の国「日本」

さて、せっかくここまで書いたので、もうひとつ。二十世紀の終わり頃から二十一世紀にかけて、世界の人類に起こった最大のエポックは何でしょうか？

第一次、第二次世界大戦ではありません。それらはいずれも二十世紀に終わっています。米ソの冷戦でしょうか。それも二十世紀に終わっています。

核の開発と利用、人類初の月面着陸、火星探査機の打ち上げ、もちろんそれもあるでしょう。

けれどそれよりなにより、もっとはるかに大きな出来事があります。

それは、世界の人口が七十億を超えたことです。大東亜戦争が終結した頃、世界の人口は約二十億人だったのです。それがわずか七十年足らずで、七十億人へと三倍半に増加したのです。これは人類史上、初の出来事です。地上にこんなにたくさんの人間が住むようになったのは、人類史上、いまをおいてほかにありません。

一七九八年に、英国のトマス・ロバート・マルサス（Thomas Robert Malthus）という学者が、『人口論』という本を書きました。まさに歴史的名著といわれる本なのですが、その中で彼は、次のように述べています。

人口は、幾何級数《きかきゅうすう》的に増加する。
一方、食料の生産能力には限界がある。
だから人口の増加には一定の限界がある。

これはとても重要な指摘です。なぜならここに指摘されているとおり、人類は食料の生産能力を超えて生き残ることは不可能だからです。マルサスは本の中で、「いろいろな研究調査の結果、最終的に世界の人口は二十億人が限界で、それ以上は食糧生産高が間に合わず、人口は増加しない」と述べています。そしてマルサスの本から百五十年後の世界は、まさに二十億の人口となっていたのです。

第二次世界大戦の発生原因については、政治学的な考察や、軍事学的な検証、あるいは地政学的なアプローチなど、さまざまな研究がなされています。しかし、戦争原因についての統一見解はありません。つまり諸説ある状態なのです。

それら諸説の根本を探っていくと、結局のところ、戦争の原因は貧困と飢え——つまり人口が二十億に達し食料供給が限界になった世界が、新たな食料の供給源を求めて奪い合いをしたからだと考えることができます。


けれどここに、やはりおかしな国が、世界に一国だけありました。日本です。

日本は満州や中国大陸、東亜諸国や南洋諸島に進出しましたが、そこで何をやっていたかというと、もちろん政治経済軍事的側面もありますが、同時に大変熱心に農業指導をしているのです。

世界が「自分たちが食うため」に他国を侵略し、その国の食い物を横取りするという挙《きょ》に出ていた時代に、世界でただ一国、そうした暴力集団を追い払い、現地の人々と一緒になって汗を流して食料生産高の向上を図ろうとしていた——それが日本だったのです。

事態はそれだけにとどまりません。

日本は大変な国費をかけて農業生産物の改良をし、なかでも稲塚権次郎氏の開発した小麦は、なんと収量がそれまでの小麦の五倍というすごい品種でした。

稲塚氏が直接指導した中国の華北産業科学研究所は、まさに中国全土にこの新種の小麦の普及促進と農業指導をして回っていました。おかげで華北産業科学研究所の職員は、大東亜戦争終結後も中国に二年間とどまり、その普及活動を継続させられています。

その結果、何が起こったのでしょうか。大東亜戦争当時の中国の人口は約五億人でした。それがいまや十五億です。人口が三倍に増えました。三倍の人が「食って生きて」いくことができるようになったのです。

さらに稲塚氏の開発した小麦は、戦後に起こったインドの大飢饉《ききん》を救っています。飢饉によって一億人以上が死ぬと思われたときに、この小麦の改良品種がインドにもたらされ、たくさんの命が救われました。それ以降、インドで飢饉は起きていません。さらに一九六〇年代から九〇年代にかけて、インドの小麦の収量は三倍に増大。その結果、人口まで三倍に増えたのです。

こうしたことの積み重ねによって、世界の人口は爆発的に増大し、いまや七十億に達しようとしています。つまり、二十世紀の後半から二十一世紀初頭にかけての、爆発的な人口増加の理由のひとつに、間違いなく日本という国の働きがあるわけです。

誰しも、人が死ぬのは悲しいことです。まして飢えて死ぬなどということは、もっと悲しいことです。飢えによって我が子を死なせることになったら、いくら悔いても悔やみきれない悲しみが残ります。

そうした飢えから多くの人々を救い、子孫を増やすことができるようにしたのだとすれば、それはまさに神の行いといっても過言ではないかもしれません。

もちろん、世界に奇跡の小麦が普及拡大した背景には、日本以外の多くの国の良心と協力と努力がそこにありました。いまの私たちには、こうした先人たちの努力に学び、見習い、未来を担《にな》うという役割が課せられているのではないでしょうか。

日本の心を取り戻そう！

せっかくここまで書いたので、もうひとつ書いておきたいと思います。

文明は必然的に火を使いますから、人類が文明を築いた地域では多くの木が伐採《ばっさい》されるため、何もしなければ森林の面積が少なくなっていきます。おかげでいまでは、人類の古代文明発祥《はっしょう》の地は、どこもかしこもペンペン草も生えないような砂漠になっています。

いちど砂漠化した土地に、自然に緑が戻るには、最低でも五千年の歳月がかかるといわれています。

ところが最近、そうして砂漠化した土地に、緑が戻りつつあります。何が起こっているかというと、クズの普及です。クズというのは、漢字で「葛」です。葛飾区《かつしかく》、葛根湯《かっこんとう》の「葛」、好きな人も多い葛切《くずき》りのクズです。

クズは根が丈夫で、荒れた土地でも生息が可能です。日本生まれのこのクズが、世界の砂漠地帯で、砂だらけの土地を緑に変えつつあります。もちろん日本人の指導によって、現地の人たちが植えているのです。

クズの葉は砂漠を覆《おお》って日陰をつくり、日陰は土地を潤《うるお》します。そして葉が落ちると、それが腐って腐葉土となります。地面に栄養分が戻りはじめるのです。そうして何年かたつと、その土地が蘇《よみがえ》り、そこでイモなどの栽培ができるようになります。するとますます地味《ちみ》が肥え、さらに灌漑《かんがい》により水が引かれることによって、いままで何もないただの砂漠だった土地に、なんと何十年かぶりに緑が蘇るのです。

見ていてください。十年後、五十年後、百年後、千年後、私たちが学生時代に、何もない砂漠地帯と教わり、パジェロがラリーで走るくらいしか使い道のなかった白い大地が、緑豊かな大地として蘇るのです。

日本を神の国だという人がいます。私は、それが本当かどうかは分かりません。けれどひとつ言えるのは、戦後、私たち日本人が失った「日本の心」は、皆が幸せに、そして平和に暮らせる社会を皆で築いていこうという、世界の人々が待ちわびている神の心、神の願いと深いところでつながっている、そんな気がするのです。

「日本を取り戻そう！」という言葉が、私たちの合い言葉になっています。

それは「日本の心」を取り戻すことでもあり、世界の人々にとって本当に幸せをもたらすものは何なのかを真剣に考え、行動していくことでもあります。

私たちはいま、それができるかどうかの瀬戸際に立っているように思います。

●本書は人気政治ブログ「ねずさんのひとりごと」の記事の一部を編集したもので、出版にあたり、修正・加筆をしてあります。

著者プロフィール

小名木 善行（おなぎ ぜんこう）

「日本の心をつたえる会」代表。

昭和31年1月16日生まれ。静岡県浜松市出身。国史研究家。

平成12（2000）年に独立し、食品製造販売業を営むかたわら、インターネットで日本の良い話を中心に情報発信を開始したブログ「ねずさんのひとりごと」では、近時、月80〜100万人の訪問者を有している。

http://nezu621.blog7.fc2.com/

ねずさんの 昔も今もすごいぞ日本人！

平成25年11月4日　初版第1刷発行

著　者　小名木善行

発行者　鈴木一寿

発行所　株式会社 彩雲出版　埼玉県越谷市花田4-12-11　〒343-0015
TEL 048-972-4801　FAX 048-988-7161

発売所　株式会社 星雲社　東京都文京区大塚3-21-10　〒112-0012
TEL 03-3947-1021　FAX 03-3947-1617

印刷・製本　シナノ書籍印刷株式会社

ISBN978-4-434-18472-7

定価はカバーに表示しています